Ute Baader

Eigene Hörspiele schreiben und produzieren

Von der Idee zur CD: eine praktische Anleitung

5.–10. Klasse

Persen Verlag GmbH

Die Autorin:

Ute Baader unterrichtet die Fächer Deutsch und Erdkunde an einem Gymnasium, hat langjährige Erfahrungen als Lehrerin an einer Gesamtschule. In der Audio-Arbeit sieht sie große Chancen für das Lernen mit allen Sinnen.

Gedruckt auf umweltbewusst gefertigtem, chlorfrei gebleichtem
und alterungsbeständigem Papier.

1. Auflage 2010
Nach den seit 2006 amtlich gültigen Regelungen der Rechtschreibung

Illustrationen: Nataly Meenen
Satz: MouseDesign Medien AG, Zeven

ISBN 978-3-8344-**3330**-5

www.persen.de

Inhaltsverzeichnis

(J) = jüngere Schüler
(A) = ältere Schüler

Warum Hörspiele selber machen?

Studien zum Radiokonsum zeigen, dass Hörmedien für Kinder und Jugendliche eine herausragende Rolle innerhalb der Massenmedien spielen. Hörbücher boomen und Hörspiele erfreuen sich ungebrochener Beliebtheit, nicht nur bei den Kleineren. Unterricht, der an diesem Aspekt der Lebenswirklichkeit anknüpft und zur Eigenproduktion von Hörbeiträgen anregt, macht sich das Interesse, aber auch die oft schon großen (technischen) Kenntnisse der Schüler[1] zunutze.

Durch das Verfassen sowie die (schau-)spielerische und technische Realisierung von Hörspielen werden unterschiedlichste Kompetenzen der Kinder und Jugendlichen herausgefordert und gefördert, wie sie im Grunde für alle Schulfächer gelten. Hier seien die wichtigsten genannt:

Sprachkompetenz
(Hören – Schreiben – Lesen – Sprechen)
Das Schreiben von Hörspielen schult die Ausdrucksfähigkeit, denn es gilt ja, die Sprache der Figuren dem jeweiligen Kontext glaubwürdig anzupassen. Betrachtungen zur Umgangs- und Hochsprache kommen fast zwangsläufig ins Spiel. Kreative Lösungen sind gefordert, wenn es zum Beispiel um die Sprache unbelebter Gegenstände geht. Wie spricht denn eigentlich ein Rennauto? Die Lesekompetenz steht bei der Produktion im Vordergrund. Hier ist allerdings wichtig anzumerken, dass man die Anforderungen je nach Leistungsfähigkeit der Schüler nicht zu hoch setzen sollte. Denn die Arbeit soll auch Spaß machen und nicht Einzelne bloßstellen.

Teamkompetenz
Ein Hörspiel ist immer das Produkt einer Gruppe. Ein Einzelner allein kann kein Hörspiel produzieren. Gemeinsam eine Geschichte zu schreiben und Vorstellungen zu entwickeln, wie man daraus einen „Spielfilm im Kopf" machen kann, das sind hohe Anforderungen an die Fähigkeit, sich in eine Gruppe einzubringen, aber auch an Frustrationstoleranz und die Fähigkeit zur Selbstkritik.

Medienkompetenz
Ihre Vermittlung wird inzwischen in nahezu allen Lehrplänen gefordert.
Gemeint sind im einzelnen

- **Rezeptionskompetenz**, also zum Beispiel Kenntnisse über Wirkungsweisen von Medien,
- **Sachkompetenz**, zum Beispiel Kenntnisse über Produktionsbedingungen und Absichten der Medienproduktion, aber auch über Umfang und Art der Medienpräsenz sowie Aspekte der Medienästhetik, und
- **Partizipationskompetenz**, das eigenverantwortliche Produzieren von Medien (hier Hörspielen) unter Anwendung journalistischer oder literarisch-ästhetischer Arbeitsmethoden und Darstellungsformen und der Umgang mit Medienproduktionsmitteln.

Mit Hörspielarbeit können die gewünschten Ziele oft einfacher sowie zeit- und kostengünstiger erreicht werden als zum Beispiel mit einer weit aufwendigeren Videoproduktion. Die Reduzierung auf einen „Sinneskanal" erleichtert den Zugang. Mit relativ geringem technischem Aufwand lassen sich hochwertige Ergebnisse erzielen. Gleichzeitig ist diese Beschränkung eine große Herausforderung für Kreativität, Imagination und Präzision.

Die technischen Voraussetzungen sind schon für Fünftklässler, aber auch für „technikscheue" Lehrer leicht erlernbar. Auch sind die notwendigen Mittel für Aufnahme und Schnitt kostengünstig, zum Teil kostenlos verfügbar.

---

1 Der besseren Lesbarkeit halber ist hier nur von Schülern und Lehrern die Rede. Selbstverständlich sind auch alle Schülerinnen und Lehrerinnen gemeint.

Warum Hörspiele selber machen?

Die in diesem Buch enthaltenen Vorschläge, Tipps und Arbeitsaufträge richten sich insbesondere an Schüler der Klassen 5 bis 10, lassen sich aber grundsätzlich, entsprechend modifiziert, auch in der Grundschule, der gymnasialen Oberstufe oder der Jugendarbeit anwenden. Es bleibt Ihnen überlassen, ob Sie ein Hörspielprojekt zum Beispiel konzentriert im Rahmen einer Projektwoche realisieren oder ob Sie dafür den Regelunterricht eines Faches nutzen. Hörspiele lassen sich sinnvoll in jedes Fach integrieren. Warum nicht einmal auf dem entsprechenden fachlichen Hintergrund einen Umweltthriller im Fach Biologie oder ein historisches Drama im Fach Geschichte inszenieren?

Nach einer Einführung zum Hörspiel, dem „Spielfilm im Kopf“ und ein paar Übungen zum Hinhören, geht es in die konkrete Hörspielarbeit. Wie man aus Ideen Figuren und schließlich einen Plot entwickelt, wie aus dem Plot ein aufnahmefähiges Skript wird, kurz: Um das Schreiben fürs Hören geht es in dem Kapitel „Von der Idee zum Skript“ (S. 9). Die „Produktionsvorbereitungen“ (S. 51) widmen sich dem Sprechen im Hörspiel, aber auch der Frage, wie man die Handlung mit Atmosphäre und Geräuschen unterlegt. Im Kapitel „Die Produktion“ (S. 60) geht es dann zur Sache. Die technischen Voraussetzungen, Aufnahme und Schnitt und was es dabei zu beachten gilt, sind hier die Themen. Auch dürfen „Ein paar Gedanken zu Präsentation und Leistungsbewertung“ (S. 71) nicht fehlen. Schließlich wird im Anhang kurz das Angebot der Bürgermedien in Deutschland vorgestellt, das jedermann kostenlos zur Verfügung steht und das Sie bei der technischen Realisierung ihrer Ideen, aber auch bei der Veröffentlichung Ihrer fertigen Werke unterstützen kann. Auf der beiliegenden CD finden Sie einige Beispiele kleinerer Hörspielproduktionen, die Sie und Ihre Schüler zum eigenen kreativen Schaffen anregen sollen. Sie sind nicht immer perfekt, eignen sich aber wunderbar als motivierendes Hör(bei)spiel.

Viel Spaß dabei!

Ute Baader

Hörspiel – der „Spielfilm im Kopf“ oder: Alles ist möglich!

Nach einer kurzen Zeit der Versenkung in den neunziger Jahren des 20. Jahrhunderts ist die Faszination am Hörspiel wieder erwacht und seither ungebrochen. Es ist wie der Film eine eigene Kunstform. Aber während der moderne Film, abgesehen vom Experimentalfilm, ohne Ton unvorstellbar ist – eine spannungsgeladene Szene ohne entsprechende Lautuntermalung ist nicht halb so spannend –, kann das Hörspiel über nur ein Sinnesorgan aus dem Vollen schöpfen. Denn es lässt die Geschichten erst in den Köpfen der Hörer entstehen, bindet die Konsumenten also gewissermaßen in die Produktion ein. Macher und Hörer werden zu einem Team. Steinzeitmensch trifft Außerirdischen, Goethe trifft Hesse, Höhenflügen der Fantasie sind im Reich der Töne keine Grenzen gesetzt. Außerdem sind Hörspiele „immer möglich“: zu Hause, im Auto, im Park ...

Die Geschichte des Hörspiels ist eng verbunden mit der Entwicklung des Radios. **Das erste europäische Hörspiel** ist Richard Hughes' „A Comedy of Danger“, das am 15. Januar 1924 von der BBC ausgestrahlt wurde. Eine deutsche Adaption dieses Werkes ist das Hörspiel „Gefahr“, das 1962 unter der Regie von Fritz Schröder-Jahn vom NDR produziert wurde. Die Teilnehmer einer Bergwerksbesichtigung verlieren in einem dunklen Schacht den Anschluss an ihre Gruppe.

Als **das erste deutsche Hörspiel** gilt „Zauberei auf dem Sender“ von Hans Flesch, gesendet am 24. Oktober 1924. Ein Zauberer unterwirft eine ganze Radiostation seinem Willen, bis der Sendeleiter zu guter Letzt wieder die Oberhand gewinnt.

Im Übrigen handelte es sich bei den frühen „Sendespielen“ um Live-Sendungen, in denen klassische Dramen gelesen wurden, wobei die Sprecher gar in Kostümen vor das Mikrofon traten. Erst langsam entwickelte sich das Hörspiel als eigene Kunstform, die auch namhafte Autoren für sich entdeckten, genannt seien hier Walter Benjamin, Bertolt Brecht, Günter Eich.

Einen ersten Eindruck davon, dass im Hörspiel alles möglich ist, vermittelt die Ursendung von **„Krieg der Welten“** (Drehbuch Howard Koch) nach dem Science-Fiction-Roman von H.G. Wells am 30. Oktober 1938 in New York. Ein vermeintlicher Angriff vom Mars ließ viele besorgte Bürger bei der Polizei anrufen, eine Massenpanik, von der oft die Rede ist, ist jedoch nicht verbürgt. Orson Welles, der das Hörspiel inszenierte, wurde damals, auch wegen der sich anschließenden hitzigen Debatten, über Nacht berühmt. Eine deutsche Bearbeitung des Hörspiels von Klaus Schöning sendete der WDR 1977. Das Szenario: Deutsche Radiojournalisten berichten, flankiert von „echten Nachrichten“ (des englischen Originals), über eine Invasion aus dem All. Auch diesmal griffen etliche verunsicherte Hörer zum Telefon.

Im Hörspiel selbst, aber auch für seinen Einsatz in der Schule tun sich geradezu unbegrenzte Möglichkeiten auf. Zunächst einmal können durch das Anhören von Hörspielen zahlreiche Fähigkeiten geschult werden. Obwohl wir in einer „akustischen Welt“ leben und Kinder und Jugendliche fast permanent „an der Nabelschnur“ von MP3-Playern oder an Handys hängen, können viele gar nicht genau zuhören oder auch einmal Stille ertragen. Das Hören und die Analyse von Hörspielen sensibilisiert ihre Wahrnehmung akustischer Signale, bringt ihnen deren Bedeutung näher, regt ihre Kreativität an und befähigt sie im besten Falle, ihr eigenes „akustisches Auftreten“ positiv zu beeinflussen.

Beginnen Sie also das Selbermachen von Hörspielen mit dem **Anhören**. Hörempfehlungen finden Sie beispielsweise unter www.ohrliestmit.de oder www.stiftung-zuhoeren.de. Eine Auswahl an geeigneten Hörspielen bietet auch der Hörspielkoffer des Projektes www.ohrenspitzer.de. Nehmen Sie Kontakt zu einem Offenen Kanal oder Bürgerradio oder Ihrer Landesmedienanstalt (Adressen siehe Seite 74) auf. Dort wird man Ihnen sagen, wo ein solcher Koffer zur Verfügung steht.

Nach dem Hören kommt das **eigene Gestalten**. Als Übungen empfehlen sich Geräusch- und Klangspiele, wie sie ebenfalls in großer Zahl unter den oben genannten Adressen zu finden sind. (www.ohrenspitzer.de, Rubrik Spiele/Experimente)

Das gesamte Potenzial des „Alles ist möglich!" lässt sich aber erst mit der **Eigenproduktion** eines Hörspieles ausschöpfen. Wo, wenn nicht im Hörspiel, können – der modernen Aufnahmetechnik sei Dank – so **mühelos** Zeiten, Räume, Figuren und Handlungen erschaffen werden?

Von der Idee zum Skript – Viele Wege führen zum Ziel!

Es gibt unzählige Arten, Kinder und Jugendliche zum Schreiben von Geschichten für Hörspiele anzuregen. Das Besondere an einem solchen Projekt ist jedoch, dass es Teamarbeit erfordert, spätestens bei der Produktion. Mit dem hier vorgeschlagenen Ansatz, nämlich ausgehend von den Figuren eine Geschichte zu entwickeln, soll erreicht werden, (möglichst) alle Schüler schon in den Schreibprozess einzubinden. Das bringt einige Vorteile mit sich:

- Alle können ihre Ideen einbringen und müssen sich dafür einsetzen.
- Alle haben zu tun.
- Alle sind verantwortlich für das Ergebnis.
- Alle können stolz darauf sein.

Diese Herangehensweise stellt hohe Anforderungen an die Teamfähigkeit der Schüler. Auseinandersetzungen werden nicht ausbleiben. Doch liegen darin auch viele Lernchancen. Vertrauen Sie darauf, dass Ihre Schüler ein gelungenes Hörspiel machen und sich nicht etwa damit blamieren wollen, dass sie nichts zustandebringen. Dies gilt natürlich auch, wenn die Schüler bereits bestehende Texte für ein Hörspiel bearbeiten. Auch hier sind viele Entscheidungen zu diskutieren und abzustimmen sowie kreative Lösungen zu suchen.

Die Übungen und Arbeitsaufträge verstehen sich als Anregungen. Das Schreiben eines Hörspiels ist ein kreativer und lebendiger Prozess. An einmal ins Auge gefassten Ideen muss nicht zwanghaft festgehalten werden, denn ihre Tragfähigkeit erweist sich manchmal erst später. Ermutigen Sie Ihre Schüler also zum spielerischen Umgang mit ihrem Gedankenmaterial. Halten Sie sie aber auch dazu an, eine Idee bei auftretenden Umsetzungsschwierigkeiten nicht allzu schnell über Bord zu werfen.

Setzen Sie sich regelmäßig im Plenum oder mit den einzelnen Teams zusammen und lassen Sie sich die Ideen vortragen. Geben Sie kritisches Feedback und lassen Sie Ungenauigkeiten und Ungereimtheiten nicht durchgehen. Sie sind der potentielle Hörer und müssen der Geschichte folgen können. Was Sie nicht verstehen, wird auch der Hörer nicht verstehen. Je nach Selbstständigkeit der Schüler können die Teams sich auch untereinander Rückmeldung geben. Planen Sie entsprechend Zeit dafür ein.

Sollten Sie planen, am Ende jedem Schüler eine Note für seine Leistungen zu geben, dann müssten an dieser Stelle eindeutige inhaltliche Kriterien festgelegt werden, damit die Schüler eine Orientierungsmöglichkeit haben.

Improvisationen und Stegreifhörspiele – Aller Anfang ist leicht!

Sie wollen ein Hörspiel in einer Projektwoche oder im regulären Unterricht realisieren. Kann sein, dass Ihre Schüler motiviert, vielleicht sogar aufgeregt sind, dass sie schon unzählige Ideen haben und am liebsten gleich loslegen würden. Kann sein, dass Ihre Schüler dem Projekt aufgeschlossen gegenüberstehen und sich gern von Ihnen leiten lassen. Kann sein, dass Ihre Schüler skeptisch sind, wenig begeistert und auch noch keine Vorstellung davon haben, wovon ihr Hörspiel handeln könnte. In jedem dieser Fälle ist es sinnvoll, der schöpferischen Arbeit eine Phase voranzustellen, in der Kreativität, Imaginationskraft und Spontaneität der Kinder und Jugendlichen geschult und herausgefordert werden. Dies sollte in einer spielerischen und entspannten Atmosphäre ohne Leistungsdruck stattfinden. Nicht jedem fallen sofort Unterbegriffe zu Oberbegriffen ein und nicht jeder stellt sich gern vor der Gruppe dar.

Als Anregungen stehen unüberschaubar viele Vorschläge und Materialien zur Verfügung. Alle Aufgaben zum kreativen Schreiben oder zum szenischen Spiel sind auch sinnvoll für die Hörspielarbeit. Hier werden einige einfache Übungen vorgestellt, die sich als besonders praxistauglich erwiesen haben. Empfohlen sei auch die „Schreibwerkstatt“ von Joachim Fritzsche (Ernst Klett Verlag), dort finden sich viele Übungen, die gut auf die spätere inhaltliche Arbeit vorbereiten. Ob und wie viele solcher Übungen sie durchführen wollen, hängt von den sprachlichen Fähigkeiten und der Spielfreude Ihrer Gruppe ab.

Assoziationsübungen

Diese einfachen Übungen machen Spaß und regen die Fantasie an. Immer wieder verblüffend ist es, wie schnell man sich von dem Ausgangsbegriff entfernt. Der erste Spieler im Sitzkreis nennt einen konkreten Begriff und reicht einen Gegenstand (zum Beispiel einen kleinen Stoffball) an seinen Nachbarn zur Linken weiter. Dieser nimmt den Gegenstand und nennt einen Begriff, der ihm zu dem seines Vorgängers einfällt usw. Als weiterführende Aufgabe bietet es sich an, aus den genannten Begriffen eine Geschichte erfinden zu lassen (Dazu die Begriffe an der Tafel notieren!). Dies kann wiederum im Kreis geschehen, die Übung kann aber auch in Kleingruppen- oder Partnerarbeit mündlich oder schriftlich durchgeführt werden. Es werden garantiert keine identischen Geschichten dabei herauskommen.

Brainstorming

Wollen Sie in Ihrem Projekt eines oder mehrere Hörspiele zu einem Oberthema erarbeiten, sollten Sie dieses für diese Übung vorgeben. Beim Brainstorming geht es darum, möglichst viele ungefilterte Gedanken zu einem Thema zu finden. Dies kann zum Beispiel im Sitz- oder Stehkreis der gesamten Gruppe geschehen. Ein beliebiger Gegenstand wird weitergereicht und jeder Teilnehmer sagt, was ihm zu dem Thema einfällt. Um über etwaige Klischees und Vorurteile hinausreichende Ideen zu finden, sollten Sie ruhig mehrere Runden einplanen. Wem nichts einfällt, der reicht den Gegenstand einfach weiter. Diese Übung kann auch in Kleingruppen durchgeführt werden. Dann geht es darum, zunächst innerhalb der Kleingruppe möglichst viele Gedanken zu sammeln und zu notieren. Im Plenum werden die Ergebnisse verglichen. Besonders interessant für die Weiterarbeit sind die Gedanken, die nur selten oder einmal genannt wurden.

Kettengeschichten

Hier geht es darum, eine Geschichte von ihrem Ausgangspunkt ausgehend zu entwickeln und weiterzuführen. Für die Übung empfiehlt sich ebenfalls ein Sitzkreis. Der erste formuliert den Einstieg in eine Geschichte in einem oder mehreren Sätzen. Der Reihe nach führen die nachfolgenden Spieler die Geschichte weiter, führen neue Figuren ein, lassen Unvorhergesehenes geschehen usw. Der Einzelne sollte mit etwa fünf Sätzen auskommen. Wenn er fertig ist, gibt er dem Nebenmann ein Zeichen und dieser macht weiter. Die letzten drei Spieler in der Kette sollten daran denken, dass die Geschichte nun zu ihrem Ende gebracht werden muss. Natürlich können Sie eine solche Kettengeschichte auch schon einmal aufnehmen und gemeinsam anhören.

Improvisationsübungen

Lassen Sie die Schüler in Kleingruppen innerhalb einer Zeit von nicht mehr als fünf Minuten kleine Szenen aus ihrer Lebenswirklichkeit entwickeln und der Klasse – am besten unsichtbar, also zum Beispiel hinter der aufgeklappten Tafel oder einer Stellwand – vorspielen. Die Themen können Sie vorgeben oder von den Schülern vorschlagen lassen. Dabei geht es noch nicht darum, eine runde Geschichte zu präsentieren, vielmehr sollen Spielfreude und der Mut, sich zu zeigen, angeregt werden. Die Themenvorschläge von Seite 13 ff. können zum Beispiel verdeckt gezogen werden.

Achtung!
Spätestens wenn die Schüler bei solchen Übungen in Rollen schlüpfen, muss ihnen Folgendes eingeschärft werden: Die Rolle darf auf keinen Fall gleichgesetzt werden mit der Person, die die Rolle spielt! Dies ist ganz wichtig, damit die Schüler auch negativ besetzte und unsympathische Figuren spielen können, ohne das Gesicht zu verlieren. Deshalb ist es unbedingt notwendig, dass sie ihren Rollen Namen geben, und zwar niemals den eigenen.

Imaginationsübungen

Diese Übungen können zum Nachdenken über das Hören anregen. Lassen Sie im Plenum oder in Kleingruppen Geräuschelisten erstellen. Fragen Sie sich und Ihre Schüler: Wie klingen die Jahreszeiten? Wie klingt ein Jahrmarkt, ein Wochenmarkt, ein Supermarkt, eine Bahnhofshalle, ein Flughafen, ein Schwimmbad, eine Sportveranstaltung, ein Hafen? Oder wie hört sich die Unterwasserwelt an? Welche Geräusche fallen den Schülern ein, wenn sie an ihren Schulweg denken? Wie hört sich ein Abend mit der Familie an? Wenn Sie über ein paar Aufnahmegeräte verfügen, sollten solche Klangbilder ruhig schon einmal aufgenommen werden. Das macht Spaß und man lernt viel darüber, wie sich unsere Umwelt eigentlich anhört.

Geräuschejagd

Schicken Sie die Schüler in Kleingruppen auf die Jagd nach Geräuschen. Dabei lernen sie, mit den Aufnahmegeräten umzugehen, üben das Hinhören und auch ein wenig Disziplin, denn während der Aufnahmen müssen alle still sein. Am Ende stehen vielleicht schon ein paar Geräusche für ein Geräuschearchiv zur Verfügung. (Arbeitsblatt siehe Seite 16/17)

Geräuschgeschichten

Bei dieser Übung lassen die Schüler die Geräusche eine Geschichte erzählen. Gesprochen werden darf in diesen Geschichten nicht. Die gesamte Handlung muss sich aus den Geräuschen erschließen. Hier sind Fantasie und Planung gefragt. Die thematische Eingrenzung erleichtert die Aufgabe. (Arbeitsblatt siehe Seite 18/19)

Stegreifhörspiele

Am Ende dieser Übung steht ein erstes fertiges Produkt, ein Minihörspiel. Um alle Schüler einer Klasse einzubinden, ist es wichtig, ein Szenario zu finden, bei dem viele Menschen aufeinandertreffen. Dann gilt es noch einen Konflikt im weitesten Sinne aufzuwerfen. Zu dem Thema „Streit in der Warteschlange" (siehe CD) sollten sich die Schüler vorstellen, in einer Kassenschlange im Supermarkt zu stehen. Was alles ist denkbar? Genervte Kunden, quengelnde Kinder, aufdringliche Schwätzer, ein ängstlicher Dieb? Was sagt der Erste, um in die Szene einzuführen? Partnerweise sollten sie sich einen Minidialog mit ihrem Vorder- oder Hintermann in der Schlange ausdenken. Also zum Beispiel: „Passen Sie doch auf, Sie fahren mir immer mit Ihrem Einkaufswagen in die Hacken!" „Oh, Entschuldigung, das wollte ich nicht, aber mein Hintermann drängelt so." Was könnte der Letzte sagen, um die Szene zu einem Abschluss zu bringen? Die kurzen Texte sollten nicht vorformuliert werden, im Spiel muss sich jeder auf seine Spontaneität verlassen. Nach einem Übungsdurchgang im Stehkreis, wird die Szene aufgenommen. Mit diesem Vorgehen werden kleine Hörwerke geschaffen, die oft erstaunlich viel erzählen und einfach Spaß machen. Wer will, kann die Stegreifhörspiele noch mit passenden Geräuschen aufwerten (siehe dazu das Kapitel „Atmo und Geräusche“ S. 56).

Hier noch ein paar Themenvorschläge für Stegreifhörspiele:
- Im Wartezimmer
- Der Zug hat Verspätung!
- Gleich ist Anpfiff!
- Auf dem Jahrmarkt
- Vor der Achterbahnfahrt
- In der Geisterbahn
- Vor dem Toilettenhäuschen
- Auf Schnäppchenjagd
- Nach der Theaterpremiere

Ein ganz normales Frühstück

Streit ums Taschengeld

Zu spät gekommen!

Was schenken wir Oma zum Geburtstag?

Wir haben uns verlaufen!

Keine Lust auf Hausaufgaben

Ich will nicht zu Tante Klara!

Wohin in den Ferien?

Improvisationskärtchen

Darf ich noch in die Disco?

Die Ampel war rot!

Kein Geld für
neue Klamotten

Immer nur
Mensch-ärgere-dich-nicht!

Die Scheibe ging zu Bruch!

In Mathe eine Fünf,
in Englisch eine Eins!

Lasst mich in Ruhe!

Ein Abend mit der Familie

Wo Walter nur bleibt?

Komm doch mit!

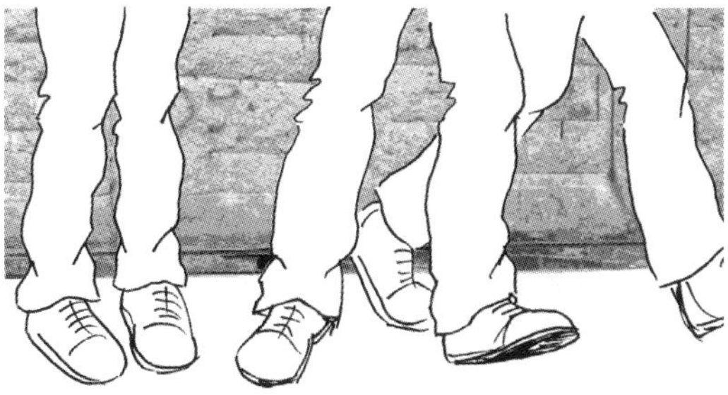

Was ist bloß mit Kati los?

Hilfe, wir schreiben morgen eine Klassenarbeit!

Das geht schief!

Komm, wir hauen ab!

Herzlichen Glückwunsch!

Ist das langweilig!

Liebe Geräusche Jäger!

Versucht, für eure Aufnahmen möglichst Orte zu finden, an denen es nicht so viele (am besten keine) Umgebungsgeräusche gibt, damit ihr euer Geräusch klar und deutlich hinbekommt. Nehmt das Geräusch nicht zu kurz auf (ca. 10–15 Sekunden). Während der Aufnahme müssen alle still sein!

Versucht nun, folgende Geräusche zu jagen.
Jede/jeder sollte eine Aufnahme machen.

1. Treppe raufgehen
2. Ranzen öffnen, Federtasche rausholen, Füller rausholen und etwas schreiben
3. Papier zerknüllen
4. An der Tafel schreiben
5. In einer Zeitung blättern (langsam)

Liebe Geräusche Jäger!

Versucht, für eure Aufnahmen möglichst Orte zu finden, an denen es nicht so viele (am besten keine) Umgebungsgeräusche gibt, damit ihr euer Geräusch klar und deutlich hinbekommt. Nehmt das Geräusch nicht zu kurz auf (ca. 10–15 Sekunden). Während der Aufnahme müssen alle still sein!

Versucht nun, folgende Geräusche zu jagen.
Jede/jeder sollte eine Aufnahme machen.

1. An der Tafel schreiben
2. Etwas in den Ranzen packen und den Ranzen schließen
3. Etwas mit dem Textmarker markieren
4. Tafel wischen und trocknen
5. Frühstücksbox öffnen, Brot herausnehmen,
   Box schließen, essen

Liebe Geräusche Jäger!

Versucht, für eure Aufnahmen möglichst Orte zu finden, an denen es nicht so viele (am besten keine) Umgebungsgeräusche gibt, damit ihr euer Geräusch klar und deutlich hinbekommt. Nehmt das Geräusch nicht zu kurz auf (ca. 10–15 Sekunden). Während der Aufnahme müssen alle still sein!

Versucht nun, folgende Geräusche zu jagen.
Jede/jeder sollte eine Aufnahme machen.

1. Jacke anziehen, Reißverschluss schließen
2. In einem Buch blättern (langsam)
3. Treppe herunterlaufen (Mikro nicht zu dicht dran!)
4. Etwas mit einem Textmarker markieren
5. Ranzen öffnen, Federtasche rausholen, Füller rausholen, e

Liebe Geräusche Jäger!

Versucht, für eure Aufnahmen möglichst Orte zu finden, an denen es nicht so viele (am besten keine) Umgebungsgeräusche gibt, damit ihr euer Geräusch klar und deutlich hinbekommt. Nehmt das Geräusch nicht zu kurz auf (ca. 10–15 Sekunden). Während der Aufnahme müssen alle still sein!

Versucht nun, folgende Geräusche zu jagen.
Jede/jeder sollte eine Aufnahme machen.

1. Bleistift spitzen
2. Mit dem Bleistift/Buntstift schreiben
3. An der Tafel schreiben
4. Etwas in den Ranzen packen und den Ranzen schließen
5. Kugelschreibermine raus und rein

Eine Geschichte nur aus Geräuschen

- Erfindet eine **Kriminalgeschichte**, die nur aus Geräuschen besteht. Es darf also (in der Geschichte) nicht gesprochen werden!
- Schreibt die Handlung der Geschichte auf.
- Nehmt dann die Geräusche in der richtigen Reihenfolge auf.

Eine Geschichte nur aus Geräuschen

- Erfindet eine **Liebesgeschichte**, die nur aus Geräuschen besteht. Es darf also (in der Geschichte) nicht gesprochen werden!
- Schreibt die Handlung der Geschichte auf.
- Nehmt dann die Geräusche in der richtigen Reihenfolge auf.

Eine Geschichte nur aus Geräuschen

- Erfindet eine **Abenteuergeschichte**, die nur aus Geräuschen besteht. Es darf also (in der Geschichte) nicht gesprochen werden!
- Schreibt die Handlung der Geschichte auf.
- Nehmt dann die Geräusche in der richtigen Reihenfolge auf.

Eine Geschichte nur aus Geräuschen

- Erfindet eine **Science-Fiction-Geschichte**, die nur aus Geräuschen besteht. Es darf also (in der Geschichte) nicht gesprochen werden!
- Schreibt die Handlung der Geschichte auf.
- Nehmt dann die Geräusche in der richtigen Reihenfolge auf.

Eine Idee entwickeln – Nur Mut zu Überraschungen!

Mit Hörspielarbeit kann man verschiedenste unterrichtliche Ziele erreichen (vgl. *Warum Hörspiele selber machen?, S. 5)*. Bevor Sie Ihre Schüler auf den Weg schicken, müssen Sie sich über Ihre Ziele klar werden. Wenn Sie neben der Vermittlung von Sprach-, Team- und Medienkompetenz auch fachliche Inhalte vermitteln wollen, werden Sie die Schüler in der Anfangsphase stärker inhaltlich lenken müssen. So können Recherchen oder vorangehende Übungen zum Beispiel zum szenischen Interpretieren nötig sein, bevor Sie sich an die eigentliche Hörspielproduktion machen können. Im Grunde lässt sich jeder Inhalt in einem Hörspiel darstellen, verlassen Sie sich ruhig auf die Kreativität Ihrer Schüler.

Wenn Sie schon genau wissen, wovon Ihr Hörspiel oder Ihre Hörspiele handeln sollen, oder wenn Sie einen bereits vorliegenden Text für ein Hörspiel bearbeiten wollen, können Sie gleich zum Kapitel *Von der Idee zum Plot (S. 32)* springen. Wenn Sie das Projekt nur unter ein Oberthema (zum Beispiel „Mit uns nicht! Sich gemeinsam gegen Gewalt wehren", „Vorbilder" oder „Unser Leben in 30 Jahren") stellen oder den Schülern freie Hand bei der Wahl der Inhalte lassen möchten, sind die folgenden Seiten zur Entwicklung der Figuren und der Handlung hilfreich.

Die Vorschläge und Arbeitsaufträge in diesem Kapitel sind, außer bei der Charakterisierung einer Figur (Einzelarbeit) für die Arbeit in Kleingruppen von drei bis fünf Schülern entworfen. Das heißt, dass am Ende mehrere kleine Hörspiele als Ergebnis vorliegen. Natürlich kann auch ein Hörspiel mit der gesamten Gruppe erarbeitet werden. Dabei ist es aber schwieriger, alle Schüler auf die gleiche Weise einzubinden oder womöglich auch allen eine Sprechrolle zukommen zu lassen. Letzteres macht allerdings für die Schüler einen sehr großen Reiz aus, wenn nicht den größten. Möglich ist hier zum Beispiel ein Oberthema von mehreren Seiten zu beleuchten und den oder die Protagonisten mehrere Szenen und Begegnungen durchlaufen zu lassen. Für den Anfang empfiehlt es sich, mehrere kleine Hörspiele zu produzieren.

Hier ein paar Tipps, die Sie und Ihre Klasse vor Frust bewahren können:
Das Geheimnis zur Vermeidung von Anfängerfehlern liegt in der **Beschränkung**. Schon zu Beginn werden Ihre Schüler davon träumen, ein stundenfüllendes Hörspiel zu produzieren, mit unzähligen Figuren, Schauplätzen und unerwarteten Wendungen. Sie werden ihnen diese Illusion rauben müssen und zwar am besten so früh wie möglich.

Beschränkung der Länge

Allein die Aufnahme eines Hörspiels in der Länge von fünf bis fünfzehn Minuten erfordert je nach Sprech- und Konzentrationsfähigkeit der Schüler einen Zeitaufwand von etwa 45–90 Minuten. Für den Schnitt und das Unterlegen mit Geräuschen sind weitere ein bis zwei Stunden nötig. Später folgende Produktionen können durchaus länger geplant werden, doch für den Anfang sei Ihnen die „Würze der Kürze" nahegelegt.

Beschränkung der Figurenzahl

Diese ist sowohl im Hinblick auf die inhaltliche Qualität als auch für die Realisierbarkeit wichtig. Der Hörer muss die Figuren unterscheiden können. Zu viele Akteure verwirren ihn und er wird sich womöglich fragen müssen: „Wer war das denn jetzt?" Zwingen Sie Ihre Schüler zu dieser Beschränkung, indem Sie zum Beispiel festlegen, dass nur die Teammitglieder als Figuren beteiligt sein dürfen, am besten mit etwa gleichgewichtigen Rollen. Vielleicht wird es zu Beginn Gemurre geben. Gehen Sie das Risiko ein. Es wird vieles leichter – vor allem auch die spätere Produktion –, wenn die Figurenzahl begrenzt bleibt.

Beschränkung der Schauplätze

Jeder Schauplatzwechsel markiert auch den Beginn einer neuen, die Handlung vorantreibenden Szene. Jeder Schauplatz muss akustisch erklärt werden. „Und dann fliegen sie zum Mond und dann noch zum Mars, aber vorher noch einmal zur Erde ..." Dies lässt sich natürlich umsetzen, ist aber für Macher und Hörer eine Herausforderung. Im Hörspiel sollte jede Szene/jeder Schauplatz die Handlung der Geschichte entscheidend weiterbringen. Dies gelingt dem Anfänger am besten, wenn er sich bescheidet.

Verzicht auf einen Erzähler

Ganz intuitiv bringen die Schüler immer dann einen Erzähler ins Spiel, wenn es ihnen nicht gelingt oder sie die Mühe scheuen, Handlung durch das Sprechen der Figuren zu verdeutlichen. Auch ein größerer Zeitsprung verleitet sie dazu, einen Erzähler sagen zu lassen: „Drei Jahre später." Die Gefahr ist groß, dass der Erzähler die Geschichte eben nur erzählt und sie nicht von den Figuren durchlebt wird. Das wiederum wäre schade, weil so die Möglichkeiten und Reize des Hörspiels nicht ausgeschöpft werden können. Verzichten Sie besonders in kleineren Produktionen auf einen Erzähler. Das Spiel und das Erleben der Rolle sollten im Mittelpunkt stehen. Außerdem: Wer will schon den Erzähler sprechen? Es ist viel spannender, sich in eine handelnde Figur einzufühlen und diese zu spielen. Ein Zeitsprung kann zum Beispiel durch eine Figur erwähnt werden und schon ist der Erzähler überflüssig.

Die Figuren – mit Ecken und Kanten

Eine Hörspielgeschichte ausgehend von ihren Figuren zu entwickeln, kann eine sehr reizvolle Herangehensweise sein, besonders, wenn Hörspiele in Kleingruppen entstehen sollen. Wenn man die Schüler ihre Figuren frei, also ohne einschränkende Vorgaben, erarbeiten lässt, sind durch das spätere Zusammentreffen der Charaktere Überraschungen vorprogrammiert, die wiederum zu interessanten, spannenden oder auch verrückten Plots führen können. Was passiert, wenn ein Teddybär und ein Astronaut zusammentreffen, lässt sich eben nicht genau vorhersagen.

Wenn die Schüler bereits in Teams eingeteilt sind oder schon eine konkrete Idee haben, können sie ihre Figuren natürlich gemeinsam auf eine mögliche Handlung hin entwerfen und dies bei der Charakterisierung der einzelnen Figuren berücksichtigen.

Achten Sie besonders darauf, dass die Schüler ihren Figuren einen anderen Namen geben als ihren eigenen! Oft denken sie sich Alltagsgeschichten mit einem womöglich realen Hintergrund aus. Da ist es sehr wichtig, dass die Figuren nicht mit ihren Erfindern verwechselt werden, da sonst dem Spott Tür und Tor geöffnet werden.

Auch wenn später nicht alle Aspekte Eingang in die Geschichte finden, sollte eine Hörspielfigur **differenziert charakterisiert** werden, ihr Aussehen inklusive. Sie sollte möglichst nicht eindimensional angelegt werden: Auch der größte Held kann eine kleine Schwäche haben oder die übelste Zicke eine liebenswerte Seite. Aus differenzierten und einander scheinbar widersprechenden Eigenschaften ergeben sich glaubwürdige Handlungsimpulse und Motive der Figur.

Lebensträume und große Ziele setzen Handlungen in Gang. Eine Hörspielfigur sollte damit versehen werden. Denn umso glaubwürdiger kann sie später agieren. Eine Figur mit einem **Geheimnis** wird viel dafür tun, dass es nicht entdeckt wird. Auch darin liegen Handlungsmotive, die bei der Erarbeitung der eigentlichen Geschichte hilfreich sein können.

Ein wichtiger Aspekt jeder Figur ist ihre **Sprechweise**. Wie drückt sie sich aus? Wie klingt ihre Stimme? Harmoniert ihre Sprechweise mit ihren Eigenschaften? Oder entsteht eine interessante Verunsicherung, weil der beinharte Held zum Beispiel lispelt? Wichtig ist es aber hier schon zu bedenken, dass Sprechweise und Stimme bei der späteren Aufnahme von dem Sprecher auch durchgehalten werden müssen, die Stimme muss spielbar sein.

Je nach Ihren Zielen und Unterrichtsinhalten kann es natürlich notwendig sein, hinsichtlich der Figurenentwicklung Einschränkungen vorzugeben. So müssten zum Beispiel die Eigenschaften einer historischen Figur recherchiert werden oder der Charakter einer Romanfigur sollte am Originaltext nachzuweisen sein. Aber auch hier sollte man nicht vergessen, dass im Hörspiel alles möglich ist. So wäre es schon interessant, eine Begegnung literarischer Figuren verschiedener Epochen zu inszenieren. Wie diese sich dann verhalten, das lässt doch wieder Raum für freie Interpretationen.

Während es bei den jüngeren Schülern genügen kann, einige markante Eigenschaften der Figur abzufragen, sollten die Älteren durchaus angeregt werden, ihre Figur differenziert und mehrdimensional zu gestalten. Dies versuchen die Arbeitsanregungen zu berücksichtigen.

Die Methode für die älteren Schüler, zu allen Eigenschaften einer Figur die Vorteile, die Nachteile und die gegenteilige Eigenschaft zu nennen, kann hilfreich dafür sein, die Figur nicht nur so oder so sein zu lassen und somit lediglich Klischees zu bedienen. Ein Beispiel: Der Held ist mutig und unerschrocken, aber eben nicht durch und durch. Vor Mäusen hat er eine wahnsinnige Angst. Im Unerwarteten und in den Widersprüchen bekommt man schließlich die spannenden Seiten einer Figur zu fassen.

Eine interessante Figur erfinden!

Wenn du folgende Schritte einhältst, wirst du am Ende eine Idee für eine interessante und spannende Geschichte haben.

Denk dir zuerst deine Hauptfigur aus, gib ihr einen Namen und nenne ihre Eigenschaften. Schreibe auf, was dir gerade einfällt.

- Wer oder was ist deine Figur?
- Wie heißt sie? Wie alt ist sie?
- Wie ist deine Figur? (Ist sie mutig oder ängstlich, ist sie groß oder klein? ...)
- Hat sie viele Freunde?
- Kann sie etwas besonders gut oder gar nicht?
- ...

Meine Hauptfigur ist ein(e) ______________________________

Sie/er heißt ____________________ und sie/er hat folgende Eigenschaften:

____

____

So sieht sie/er aus: ______________________________

____

Meine Figur hat einen großen Traum: Sie/er möchte gern ______________________________

____

Das geht aber nicht, weil ______________________________

____

Deshalb muss sie/er ______________________________

____

Sie/er hat ein Geheimnis: ______________________________

____

Am meisten mag sie/er: ______________________________

____

Am meisten Angst hat sie/er vor: ______________________________

____

____

Eine Hörspielfigur entwickeln

Auch Hörspielfiguren müssen vielschichtig charakterisiert werden. Ihre Handlungsmotive müssen sich aus ihren Charaktereigenschaften schlüssig ergeben. Selbst wenn später nicht alle Merkmale in das Hörspiel einfließen, erhältst du dadurch eine interessante, lebendige Figur, die nicht nur gut oder böse, klug oder dumm ist.

1. **Denk dir eine Figur aus und gib ihr Geschlecht, Alter und Beruf.**
2. **Was ist ihre herausstechende Eigenschaft?**
3. **Charakterisiere deine Figur durch etwa zehn Adjektive, die du in einer Tabelle (wie abgebildet) notierst.**
4. **Untersuche nun die gefundenen Eigenschaften darauf hin, was an ihnen positiv, was negativ ist.**
5. **Notiere zu jedem Adjektiv sein Gegenteil. So entsteht eine Figur, die jeweils beide Seiten einer Eigenschaft in sich hat.**

Ein Beispiel: *Deine Figur ist sehr mutig und unerschrocken, sie hat aber wahnsinnige Angst davor, mit einem Aufzug zu fahren.*

Eigenschaft	positiv	negativ	Gegenteil
mutig	*traut sich etwas*	*ist unvorsichtig*	*ängstlich*

6. **Charakterisiere deine Figur auch durch ihre Art zu sprechen: Ausdrucksweise, Stimme, Aussprache, Sprachfehler …**

Was jemand sagt oder **wie** er spricht, kann viel über seinen Charakter ausdrücken.

1. **Beantworte folgende Fragen schriftlich. Sieh dir dazu noch einmal deine Personenbeschreibung an.**

   Was würde deine Figur sagen, wenn du sie fragst:
   - Was hast du schon alles erlebt?
   - Wie sieht dein Tagesablauf aus?
   - Was magst du?
   - Was magst du nicht?
   - Was tust du am liebsten?
   - Was nervt dich am meisten?
   - Wovor hast du Angst?
   - Was würdest du in deinem Leben noch gern tun oder erreichen?

2. **Arbeite mit den Antworten aus Aufgabe 1 und lasse deine Figur nun in der Ich-Form aus ihrem Leben erzählen. Trage dies deinen Mitschülern vor.**

Daran solltest du denken:
- **Wie drückt sich deine Figur aus?**
  Spricht sie zum Beispiel sehr vornehm oder vielleicht eher lässig?
- **Was für eine Stimme hat sie?** Eine hohe oder eine tiefe?
- **Macht sie beim Sprechen ein besonderes Geräusch?**
  Ein Auto brummt, ein Pferd wiehert und schnaubt ... Und deine Figur?

Charakterisierung einer Figur durch ihr Sprechen

Für den Hörer eines Hörspiels gibt es keine sichtbaren Informationen. Alles, was er für das Verstehen der Geschichte braucht, muss hörbar sein. Dies gilt besonders für die handelnden Figuren. Sie müssen deutlich voneinander zu unterscheiden sein, damit der Hörer stets weiß, mit wem er es zu tun hat. Auch sollen durch ihr Sprechen ihre besonderen Eigenschaften verdeutlicht werden.

Eine Hörspielfigur wird charakterisiert durch das, **was** sie sagt und **wie** sie es sagt. Dies solltest du dir vor dem Schreiben des Hörspiels bewusst machen. Die folgenden Übungen sollen dir dabei helfen.

Charakterisierung einer Figur durch das, was sie sagt
Jedes Hörspielwesen, auch wenn es nicht menschlich ist, gibt durch das, was es sagt, immer etwas von sich preis, nämlich wie es ist und was es über die Welt denkt.

1. **Denke an deine Figur. Was sagt sie wohl, wenn du sie fragst:**
   - Was hast du schon alles erlebt?
   - Wie sieht dein Tagesablauf aus?
   - Was magst du?
   - Was magst du nicht?
   - Was tust du am liebsten?
   - Was nervt dich am meisten?
   - Wovor hast du Angst?
   - Was würdest du in deinem Leben noch gerne tun oder erreichen?

   Beantworte die Fragen schriftlich.

Charakterisierung einer Figur durch die Art und Weise, wie sie etwas sagt
Im Hörspiel ist es ganz besonders wichtig, wie eine Figur spricht. Dies gilt für menschliche Figuren und ist eine Herausforderung bei nicht-menschlichen Figuren. Du musst nämlich versuchen herauszufinden, welches besondere Geräusch die Figur macht oder machen könnte. Kannst du es mit deiner Stimme wiedergeben? Eine Nähnadel arbeitet lautlos, welche Eigenart könnte sie beim Sprechen charakterisieren?

2. **Überlege, welche sprachliche Eigenart deine Figur hat. Arbeite mit deinen Antworten aus Aufgabe 1 und lasse nun die Figur in der Ich-Form aus ihrem Leben erzählen. Trage dies deinen Mitschülern vor.**

Die Handlung – Ein Konflikt muss her!

Jede interessante Geschichte lebt von einem Konflikt, einem Problem oder einer Bedrohung. Selbst in der schmalzigsten Liebesgeschichte gibt es Verwicklungen und Missverständnisse, bevor Held und Heldin einander bekommen. Und ein Abenteuer wird erst spannend durch Gefahren, die nur vom Protagonisten abgewendet werden können. Auch Hörspielhörer wollen solche Geschichten. Und deshalb sollten Ihre Schüler darauf eingestimmt werden.
Nachdem die Schüler ihre Figur mit ihren Eigenschaften Zielen und Träumen, also ihren Handlungsmotiven, ausgearbeitet haben, treffen diese Figuren nun aufeinander. Hier beginnt die Teamarbeit, deshalb müssen spätestens zu diesem Zeitpunkt solche zusammengestellt werden.

Zur Zusammenstellung der Teams
Ein Team sollte mindestens drei und maximal fünf Mitglieder haben.

- Die Teams können Sie selbst ernennen, wenn Sie zum Beispiel Leistungsunterschiede, das Aufbrechen eingeschworener Cliquen oder Sympathien und Antipathien berücksichtigen wollen. Sie kennen schließlich Ihre Pappenheimer.
- Sie können Teams zusammenstellen nach den Figuren, die sich die Schüler ausgedacht haben. Damit erleichtern Sie ihnen die Themenfindung, da es möglicherweise Gemeinsamkeiten gibt.
- Sie können die Zusammensetzung aber auch dem Zufall überlassen und die Gruppen auslosen. Dies ist sehr reizvoll und bietet sich besonders an, wenn Ihre Schüler bereits teamerprobt sind und eine ausreichende Frustrationstoleranz mitbringen, die nötig wird, wenn man mit Partnern zusammenarbeiten muss, die man möglicherweise nicht so sehr mag. Es lohnt sich, dies zu wagen, besonders mit älteren Schülern.
- Sie können die Schüler entscheiden lassen, mit wem sie zusammenarbeiten wollen. Manche Gruppen sind vielleicht gut eingespielt und können deshalb effektiv arbeiten. Andererseits gibt es meist auch Schüler, die „übrig bleiben“, was dann durch Sie aufgefangen werden müsste.
- Auch können Sie Rücksicht darauf nehmen, wenn die Schüler sich vorab Gedanken gemacht haben und schon mit einer konkreten Idee an Sie herantreten. Warum sollte man diesen die Zusammenarbeit verweigern? („Alarm in der Spülmaschine“, siehe Begleit-CD, ist so entstanden.)

Sofern Sie die Figurenauswahl nicht eingegrenzt haben oder Schüler bereits ihre eigene Idee verfolgen, kann es passieren, dass nun Figuren einander begegnen, die auf den ersten Blick nicht zusammenpassen. Was sollte schon Lukas Podolski und Aschenputtel zusammenführen, und was könnte dann geschehen? (Vgl. „Achterbahn“ auf der Begleit-CD) Ermutigen Sie die Schüler zu ungewöhnlichen, verrückten Ideen. Setzen Sie aber auch eindeutige Grenzen, zum Beispiel im Bezug auf Gewaltverherrlichung, Minderheitenausgrenzung und Ekeligkeit.

Die folgenden Arbeitsblätter sollen die Schüler Schritt für Schritt dabei unterstützen, aus dem Zusammentreffen ihrer Figuren eine Geschichte zu entwickeln. Zwingen Sie sie nicht dazu, sich sklavisch an die Anleitungen zu halten. Es sind Anregungen.

Die Arbeitsblätter *Aus Figuren eine Geschichte entwickeln* (1 und 2, S. 28 und 29) richten sich an Schüler, deren Figuren unverhofft aufeinandertreffen. *Aus einer Idee eine Geschichte entwickeln* (S. 30) ist nur für diejenigen, die schon eine konkrete Idee für ihre Geschichte haben. Auch für diese ist es wichtig, einen zentralen Konflikt herauszuarbeiten. Ein Infoblatt (S. 31) gibt älteren Schülern Tipps für die Entwicklung ihrer Geschichte, ohne sie zu sehr einzuengen.

Weisen Sie die Schüler darauf hin, dass einmal notierte Ideen nicht zwingend später beibehalten werden müssen. Zwar soll der Grundkonflikt bald feststehen, doch sind im Detail immer Änderungen möglich. Nicht alles, was zu Beginn nach einer tollen Idee aussah, hält einer näheren Betrachtung stand. Also: Mut zum Umschmeißen!

Aus Figuren eine Geschichte entwickeln (1)

Begegnung und erste Reaktionen

Folgende Arbeitsschritte sollen euch dabei helfen, gemeinsam eine Geschichte zu entwickeln:

1. **Wo treffen sich die Figuren?**
   Überlegt euch einen Ort, an dem eure Figuren aufeinandertreffen. Dies kann ein ganz alltäglicher Ort sein (Schule, zu Hause, auf der Straße ...), aber auch ein außergewöhnlicher (auf einem anderen Stern, in einem Mauseloch, in der Urzeit, in einer Schublade ...). Denkt euch ruhig etwas „Verrücktes“ aus.

2. **Warum sind die Figuren an diesem Ort?**
   In welcher Situation befinden sie sich gerade?
   Was hat die Figuren hierher gebracht? Eine Katastrophe? Ein gemeinsames Ziel? Ein außergewöhnliches Ereignis? Der Zufall? Sind sie gemeinsam im Fahrstuhl stecken geblieben? Kennen sie sich? Euch fallen sicher noch mehr Möglichkeiten ein.

3. **Was sagen die Figuren bei dieser ersten Begegnung?**
   Ist es ganz normal, dass die Figuren sich an diesem Ort begegnen? Sind sie vielleicht verwundert, entsetzt oder erfreut, mit den anderen hier zu sein? Wie reagieren sie darauf? Wie kommen sie miteinander ins Gespräch?

Figur 1

Figur 2

Figur 3

Figur 4

Figur 5

Probleme und Lösungsideen

Vielleicht stecken eure Figuren jetzt in einer schwierigen Situation. Gleichzeitig will aber vielleicht auch jede ihr Traumziel erreichen. Vieles steht also einem glücklichen Ende ihrer Begegnung im Wege. Lasst nun eure Figuren überlegen, wie sie ihr gemeinsames Problem lösen können oder wie jede von ihnen zu ihrem Ziel kommen kann. Notiert eure Ideen in Stichworten.

1. **Welche Hindernisse und Probleme müssen aus dem Weg geräumt werden? Achtung: Vielleicht gibt es nur ein gemeinsames Problem oder Hindernis!**

   Hindernis 1 ______________________________

   ____

   Hindernis 2 ______________________________

   ____

   Hindernis 3 ______________________________

   ____

2. **Welchen Plan hecken sie aus?**

   Schritt 1 ______________________________

   ____

   Schritt 2 ______________________________

   ____

   Schritt 3 ______________________________

   ____

3. **Fasst eure Ideen zusammen und tragt sie euren Mitschülern vor.**

Aus einer Idee eine Geschichte entwickeln

Ihr habt schon eine Idee für euer Hörspiel. Ihr wisst auch schon, welche Figuren darin vorkommen sollen, wie sie heißen und welche Eigenschaften sie haben. Nun geht es darum aus eurer Idee eine Geschichte zu machen.

Jede Geschichte wird erst interessant durch irgendein Problem, das die Figuren lösen müssen. Ein Problem kann eine zerrissene Hose sein oder eine Bedrohung durch eine fremde Macht aus dem Weltraum.

1. **Vor welchem Hauptproblem stehen eure Figuren?**

   ____

   ____

   ____

2. Vielleicht wird eine Lösung des Problems dadurch erschwert, dass jede Figur auch noch ihr eigenes Ziel verfolgt und dass sich daraus weitere Schwierigkeiten ergeben, weil die Figuren sich zum Beispiel streiten.
   Welche zusätzlichen Hindernisse stellen sich ihnen in den Weg?

   ____

   ____

   ____

   ____

   ____

   ____

3. **Wie könnte ein Plan zur Lösung der Schwierigkeiten aussehen?**
   Haben eure Figuren schon eine Idee oder gar einen Plan, wie sie ihr Problem lösen und Hindernisse beseitigen können? Denkt daran: Im Hörspiel ist alles möglich!

   Schritt 1 ______________________________

   Schritt 2 ______________________________

   Schritt 3 ______________________________

4. **Stellt eure Idee euren Mitschülern vor.**

Info: Eine Hörspielgeschichte entwickeln

1. **Die Idee**
Ideen für **freie Geschichten** finden sich oft in eigenen Erlebnissen aus dem Alltag, dem Familienleben, aus Schule und Beruf, aus der Freizeit. Sollt ihr ein v**orgegebenes Thema** bearbeiten, kann auch die Informationssuche zu einer Idee führen.

   a) **Zu Beginn solltet ihr ein Brainstorming in der Gruppe durchführen. Dabei werden alle Gedanken spontan und unkritisiert aufgeschrieben. Dies ergibt oft eine gute Grundlage für die gemeinsame Weiterarbeit.**

> ***Tipp:*** *Nach einem deutlichen Konflikt suchen, also einem Widerstreit zwischen verschiedenen Interessen!*

   b) **Formuliert eure Idee so kurz wie möglich und beginnt so: *„Unser Hörspiel handelt von …"* Maximal drei Sätze müssen reichen.**

2. **Von der Idee zur Geschichte**
Wenn ihr das Thema formuliert habt, sind die folgenden Teile der zukünftigen Geschichte zu klären:
   a) die handelnden Figuren
   b) Handlungsort und Zeit
   c) die Handlung (die wichtigsten Ereignisse)
   d) eventuell auch die Vorgeschichte (vgl. das Hörspiel „Fury" auf der Begleit-CD)

3. **Die Hörspielfiguren**
Für die Figuren gilt: So viele wie nötig, so wenige wie möglich! Der Hörer muss sie deutlich voneinander unterscheiden können.
Jede Figur benötigt eine Identität und ihre Handlungsmotive müssen festgelegt werden.
Warum handelt die Figur so und nicht anders?
(Siehe das Arbeitsblatt *Eine Hörspielfigur entwickeln)*

4. **Die Hörspielhandlung**
Nur die Figuren bringen die Handlung in Gang. Um eine Handlung zu entwickeln, ist es also sehr hilfreich, sich möglichst genau in die Figuren hineinzuversetzen.
   - Wie würde ich mich an ihrer Stelle fühlen?
   - Was würde ich erreichen wollen?
   - Wie würde ich an ihrer Stelle handeln?
   - Was würde ich sagen?

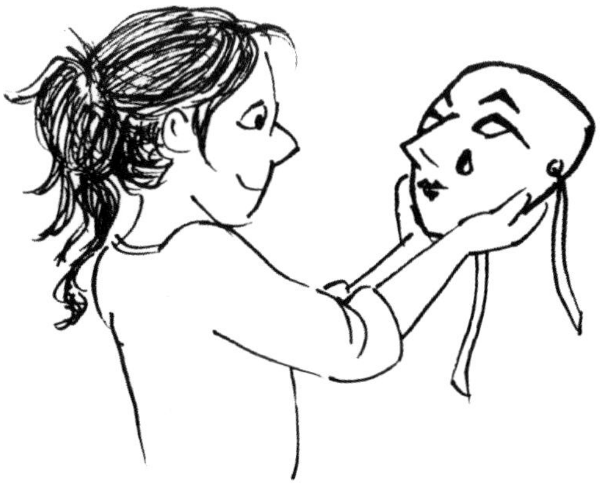

Lasst eure Figuren ausgehend von eurer Idee in eine Situation geraten und seht (hört), wie sie reagieren. Was ergibt sich wiederum daraus? Nehmt eure Figuren ernst, dann wird eure Geschichte glaubwürdig.

Von der Idee zum Plot

Der sogenannte **Plot** ist der **Handlungsablauf** einer Geschichte. Die Verwandtschaft des Hörspiels mit dem Drama verlangt, die Handlung in Szenen zu unterteilen. Eine Szene grenzt sich dabei von der anderen durch einen Zeitsprung oder durch einen Wechsel des Schauplatzes ab. Bei der Erarbeitung des Plots geht es um die Bändigung der Handlung und ihre Reduzierung auf **drei bis sechs Szenen** und für den Anfang maximal **drei Schauplätze**.

Die Schüler haben also eine Idee, wovon ihre Geschichte handeln soll. Möglicherweise haben sie auch Ideen für eine Vielzahl an Nebenhandlungen. Es gilt nun, die wirklich wichtigen Handlungselemente herauszuarbeiten. Wichtig sind solche Handlungsteile, die die Geschichte voranbringen, also zu ihrer Lösung führen.

Tipp: *Lassen Sie sich nicht auf eine Diskussion über die Anzahl der Szenen und Schauplätze ein. Wenn es den Schülern gelingt, die Szenenwechsel plausibel zu machen und die Schauplätze deutlich voneinander abzugrenzen, dürfen es auch mehr sein. Die Empfehlungen richten sich an Anfänger im Hörspielmachen.*

Von besonderer Bedeutung sind **Anfangs- und Schlussszene**. In der ersten Szene sollte zügig klar werden, worum es eigentlich geht und wer die handelnden Figuren sind, damit sich der Hörer im Verlauf des Hörspiels gut zurechtfindet. Es sind berechtigte Zweifel an der Notwendigkeit einer Figur angebracht, die in der letzten Szene zum ersten Mal auftritt. Nicht alles aber muss dem Hörer sofort einleuchten. Er darf auch durchaus ein wenig ratlos sein. Spätestens in der Schlussszene müssen jedoch alle Fragen geklärt sein. Auch ist es gut, für das Ende noch eine Überraschung, eine Pointe in petto zu haben. Krampfhaft danach suchen sollte man aber nicht.

Die einzelnen Schauplätze müssen für den Hörer eindeutig zu unterscheiden sein. Ein Schauplatz wird definiert durch charakteristische Geräusche und/oder durch die Handlungen und Äußerungen der Figuren. Zu viele Handlungsorte verwirren den Hörer und er kann den Anschluss verlieren. An dieser Stelle kann schon die Suche nach passenden Geräuschen zur Charakterisierung der Schauplätze beginnen. Damit könnte sich zum Beispiel jeweils ein Teammitglied beschäftigen. GEMA-freie Geräusche gibt es zum Beispiel bei www.hoerspielbox.de. Viel Spaß macht es natürlich auch, die passenden Geräusche selbst zu produzieren und/oder aufzunehmen. (Siehe Kapitel *Produktionsvorbereitungen*, S. 56)

Die Arbeitsblätter sollen den Schülern dabei helfen, die Handlung zu strukturieren und in Szenen zu fassen. Dabei sollte die Handlung der einzelnen Szenen knapp, aber aussagekräftig formuliert werden, und zwar so, dass ein Außenstehender die Geschichte nur anhand der Szenen verstehen kann. Am Ende liegt dann ein Gerüst für das Hörspiel vor und die Schüler müssen „nur noch“ die einzelnen Szenen ausarbeiten.

Füllt den Planungsbogen aus. Notiert Stichworte.

Arbeitstitel	______________________
Die Figuren	______________________ ______________________
Szene 1 Der Schauplatz: ______ Seine Geräusche: ______ Was passiert: ______ ______ ______	**Szene 4** Der Schauplatz: ______ Seine Geräusche: ______ Was passiert: ______ ______ ______
Szene 2 Der Schauplatz: ______ Seine Geräusche: ______ Was passiert: ______ ______ ______	**Szene 5** Der Schauplatz: ______ Seine Geräusche: ______ Was passiert: ______ ______ ______
Szene 3 Der Schauplatz: ______ Seine Geräusche: ______ Was passiert: ______ ______ ______	**Szene 6** Der Schauplatz: ______ Seine Geräusche: ______ Was passiert: ______ ______ ______

Achtung: *Euer Hörspiel sollte mindestens drei, jedoch höchstens sechs Szenen umfassen!*

Von der Idee zum Plot

Ihr wisst, wovon euer Hörspiel handeln soll, wer darin vorkommt und was im Einzelnen passiert. Jetzt geht es darum, die Handlung der Geschichte in ihre Einzelteile, sogenannte **Szenen**, zu zerlegen.

Wie bei einem Theaterstück kann die Geschichte an mehreren Orten, Schauplätzen, spielen. Mit jedem Wechsel des Schauplatzes oder einem Zeitsprung beginnt eine neue Szene. Um den Hörer nicht zu verwirren, sollte euer Hörspiel **nicht mehr als drei Schauplätze** und **nicht mehr als sechs Szenen** haben. Ihr müsst euch also überlegen, was wirklich wichtig für die Lösung der Geschichte ist. Nicht vergessen: Weniger ist hier oft mehr!

Besonders wichtig sind die **Anfangs- und die Schlussszene**. In der ersten Szene sollten möglichst alle Figuren schon vorkommen oder erwähnt werden und es muss klar werden, worum es eigentlich geht, damit sich der Hörer gut zurechtfindet. Im Verlauf des Stückes darf er ruhig einmal ratlos sein und nicht alles gleich verstehen. In der letzten Szene aber müssen alle Fragen geklärt sein. Wenn eure Geschichte einen besonderen Clou oder eine Pointe hat, packt dieses Highlight in die Schlussszene.

Jetzt ist es auch schon an der Zeit, euch Gedanken über die Geräusche zu machen, die den jeweiligen Schauplatz charakterisieren. Überlegt auch, ob ihr diese Geräusche selbst machen oder aufnehmen könnt oder ob ihr sie euch fertig besorgen wollt, zum Beispiel unter www.hoerspielbox.de.

Achtung: *Bei der Verwendung fremder Geräusche gilt es Urheberrechte zu beachten!*

Legt einen Planungsbogen an, auf dem ihr Folgendes in Stichworten notiert:

a) Titel des Hörspiels (vorläufig)

b) Die Figuren: Name, wer oder was die Figur ist, ihre allerwichtigste Eigenschaft ...

c) Zu jeder Szene:

- **Nummer der Szene**
- **der Schauplatz und seine Geräuschkulisse**
- **die Handlung in groben Zügen**

Vom Plot zum Skript

Die wichtigen Vorarbeiten sind abgeschlossen. Bleibt „nur noch", das eigentliche Skript zu verfassen. Jetzt geht es für die Schüler darum, sich so gut wie möglich in die Figuren hineinzuversetzen, damit diese glaubwürdig und überzeugend sprechen.

An dieser Stelle ist es deshalb sinnvoll, die Übungen zur *Charakterisierung der Figuren durch ihr Sprechen (S. 25 und 26)* noch einmal aufzugreifen und durch weitere Übungen zu ergänzen. Wie sprechen denn nun eigentlich ein Rennauto oder ein Roboter? (vgl. hierzu „Alarm in der Spielzeugkiste", Begleit-CD.)
Die Übungen regen das Einfühlungsvermögen und die Spielfreude an und dienen der Einstimmung auf die folgenden Arbeitsschritte.

- Die Rollenkärtchen auf Seite 37 ff. sind Anregungen dafür, sich in Figuren und ihr Sprechen einzufühlen. Die Schüler ziehen ein Kärtchen und erhalten die Aufgabe ein paar Sätze so zu sprechen, wie sie die Figur sagen würde. Dabei können sie zum Beispiel ein typisches Geräusch der Figur nachahmen oder nur durch die Betonung verdeutlichen, um wen es sich handelt.
- Anhand weiterer Kärtchen mit Eigenschaften und Gefühlen (Seite 40 ff.) sollen die Schüler versuchen, den genannten Eigenschaften und Gefühlen durch ihr Sprechen Ausdruck zu verleihen.

Zur Sprache im Hörspiel

Die Sprache der Figuren richtet sich nach ihren Eigenschaften und ihren Stimmungen. Es muss darauf geachtet werden, dass die Figur bei der ihr eigenen Sprechweise bleibt und nicht aus der Rolle fällt. Das Sprechen menschlicher Figuren soll so realistisch wie möglich sein, also zum Beispiel umgangssprachlich dort, wo auch ein echter Mensch umgangssprachlich sprechen würde. Die Grenzen für die Verwendung umgangssprachlicher Wendungen, zum Beispiel bei Flüchen oder Beschimpfungen, setzen letztendlich Sie. Diskutieren Sie mit Ihren Schülern, wie weit sie gehen dürfen. Grundsätzlich ist es aber hilfreich zu fragen: Würden sich die Personen so unterhalten? Für Hörer zu schreiben, heißt im übrigen, die Satzkonstruktionen möglichst einfach und die Wortwahl möglichst allgemein zu halten. Ausnahmen sind erlaubt, wenn es der Geschichte dient.

Zum Aufbau des Skripts

Das Skript ist die Vorlage für die Aufnahme des Hörspiels und sollte alle Informationen übersichtlich präsentieren. Der besseren Lesbarkeit halber sollte es nach Möglichkeit per Computer im Tabellenformat geschrieben werden, die Seiten werden durchnummeriert. In der ersten Zeile steht der (vorläufige) **Titel des Hörspiels**. Darunter werden die **Figuren** genannt und ihre **Sprecher**. So weiß man immer, wer alles an der Produktion beteiligt ist.

An- und Abmoderation

Je nach Intention und Geschmack sollte auch eine **Titelansage** und eventuell eine **Abmoderation** vorgesehen werden. Besonders jüngeren Schülern ist es oft wichtig, dass ihre Namen genannt werden. Sie dürfen ja auch stolz auf ihre Leistung sein. Ob man die Macher des Hörspiels vorweg oder am Ende nennt, ist eine reine Geschmackfrage.

Hier nur ein Beispiel:

Titelansage:	**„Titel XY"**
Abmoderation:	„Ihr hörtet das Hörspiel ***Titel*** von ***Name des Autors/der Autoren***. Die Rollen und ihre Sprecher waren: ***Rolle A, Sprecher A, Rolle B, Sprecher B ...***"

Sprechtexte nummerieren
Im Folgenden sollte jeder Sprechereinsatz und/oder jedes einzelne Geräusch **nummeriert** werden. Dann funktionieren die Verständigung und das Auffinden bestimmter Stellen bei der Aufnahme leichter. Ein Beispiel: „Wir beginnen mit Nummer 38 ..."

Regie und Geräusche bekommen eine Spalte, sollten aber optisch, also zum Beispiel durch Normal- und Kursivschnitt unterschieden werden. In der Regie wird angegeben, wie eine bestimmte Passage betont werden soll, also zum Beispiel aufgeregt, verärgert, schüchtern usw.

Der **Sprechtext** kommt in die letzte und breiteste Spalte. Geben Sie eine Schriftgröße von 14 Punkt vor und zum Beispiel die Schrift Times New Roman. Dies ist eine Serifenschrift – eine Serife ist der Abschlussstrich an einem Buchstaben als Kopf-, Fuß- oder Dachstrich –, was es dem Leser erleichtert, die Zeile zu halten. Auf Seite 43 finden Sie ein Muster für den Aufbau eines Manuskripts, auf den Seiten 44 und 45 Kopiervorlagen für ein handgeschriebenes Skript und ab Seite 46 ein Beispiel für ein vollständiges Manuskript für ein Kurzhörspiel, in diesem Fall aus nur einer Szene.

Zur Arbeit im Team
Als am effektivsten hat es sich erwiesen, die Schüler je zu zweit an der Ausformulierung einzelner Szenen schreiben zu lassen, also das Ganze arbeitsteilig zu gestalten. Die Arbeit geht einfach schneller voran und trotzdem ist schon eine gewisse gegenseitige Kontrolle gewährleistet. Wenn die einzelnen Szenen fertig sind, muss in einem gemeinsamen Durchgang geprüft werden, ob die Anschlüsse stimmen und ob die Figuren durchgehend sprachlich gleich gestaltet sind. Nur wenn es sich um ein gut eingespieltes Team handelt, können auch alle gemeinsam Szene für Szene schreiben. Dies empfiehlt sich auch, wenn Schüler unterschiedlicher Leistungsniveaus in einem Team zusammenarbeiten, da sonst die Qualität der einzelnen Szenen zu sehr auseinanderklaffen könnte.

Jüngere und/oder schwächere Schüler brauchen beim Verfassen des Skriptes viel Anleitung und Hilfe. Die Checkliste auf S. 49 bietet Anhaltspunkte. Der Aufbau des Skriptes (S. 43) sollte gemeinsam mit den Schülern durchgesprochen werden.

Ältere und/oder leistungsstarke Schüler wiederum können hier sehr selbstständig arbeiten (Siehe Arbeitsblatt *Vom Plot zum Skript,* Seite 50). Halten Sie selbst sich stets als Berater und Helfer bereit.

Sprechübungen: „Wie spricht und was sagt ...?“

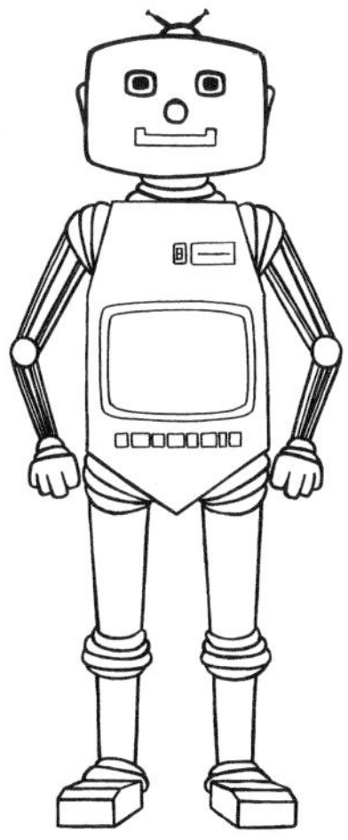

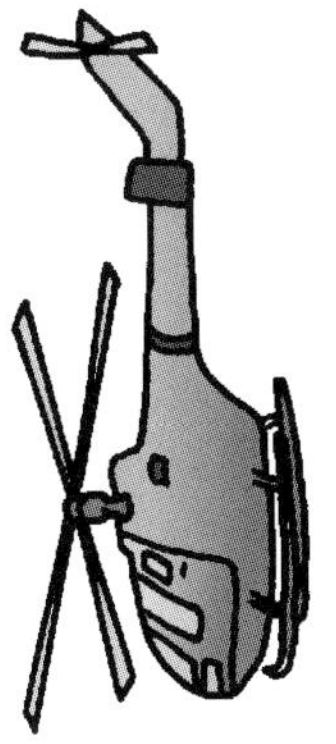

Rollenkärtchen für Sprechübungen

Sprechübungen: „Wie spricht und was sagt ...?"

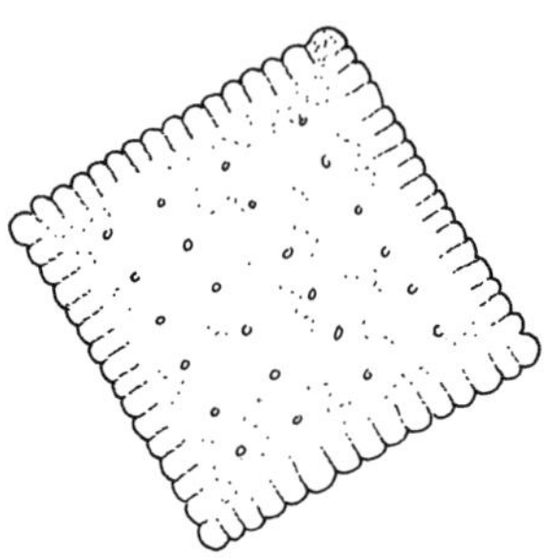

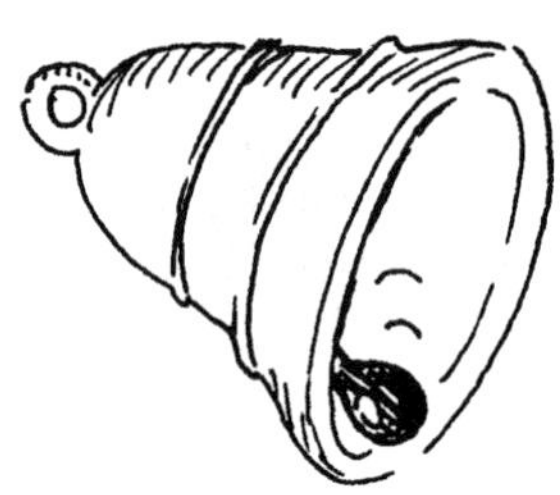

Sprechübungen: „Wie spricht und was sagt ...?“

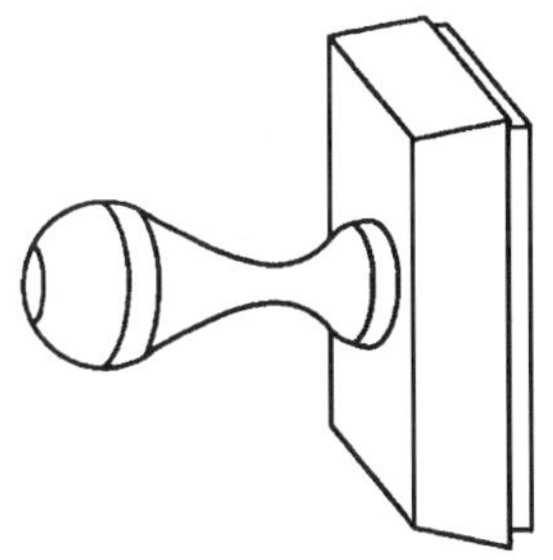

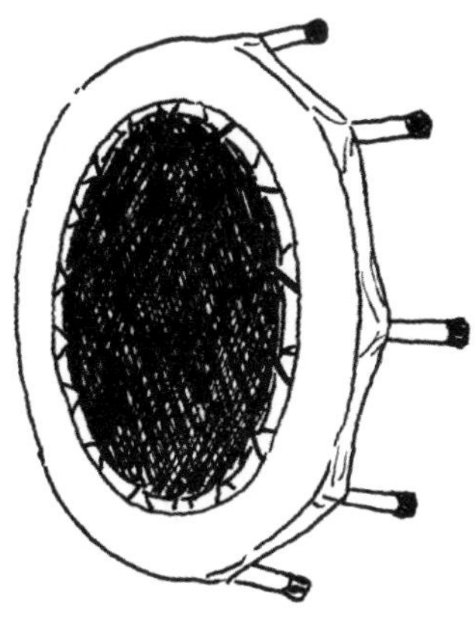

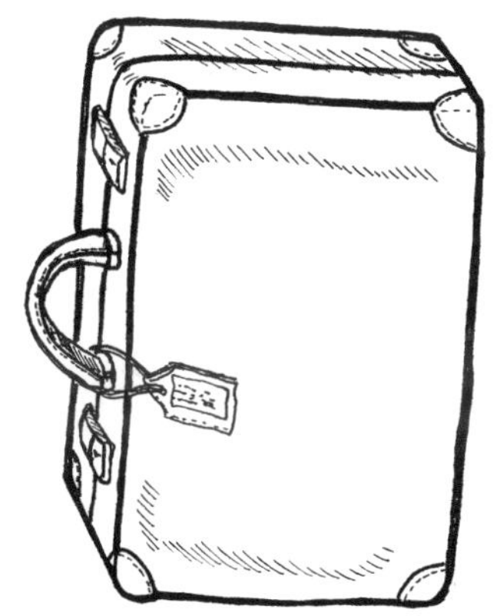

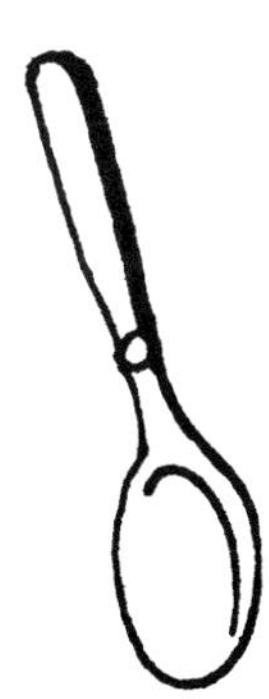

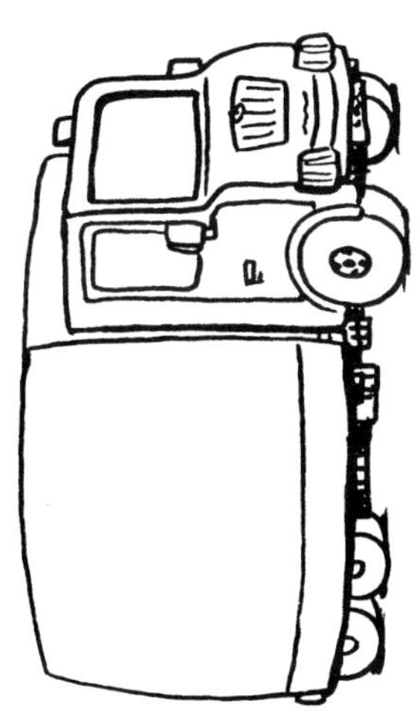

Rollenkärtchen für Sprechübungen

Eigenschaften und Gefühle ausdrücken

begeistert	mutig	verzweifelt
ängstlich	traurig	schlecht gelaunt
gut gelaunt	eitel	erleichtert

Rollenkärtchen für Sprechübungen

Eigenschaften und Gefühle ausdrücken

aufgeregt	schadenfroh	verlegen
peinlich berührt	stolz	voller Gewissensbisse
froh	enttäuscht	überheblich

Eigenschaften und Gefühle ausdrücken

cool	ausgelassen	höflich
ahnungslos	voller Scham	mitfühlend
neidisch	wütend	zickig

Muster für den Aufbau eines Skriptes

(1)

(Vorläufiger) Titel des Hörspiels: ____________________

Die Figuren

Figur 1: ____________________ Sprecher/Name: ____________________

Figur 2: ____________________ Sprecher/Name: ____________________

…

Nr.	Figur/Sprecher (ggf. abkürzen)	Regie *Atmo/Geräusche*	Text
Szene 1: *Ort/Zeitpunkt*			
1.			
2.			
3.			
4.			
5.			
Szene 2: *Ort/Zeitpunkt*			
6.			
7.			
8.			
.			
.			
.			
17.			
Szene 3: *Ort/Zeitpunkt*			
18.			
19.			
.			
Szene 4: *Ort/Zeitpunkt*			
34.			
35.			
36.			
37.			
usw.			

(2)

Titel: ______________________________

Die Figuren	**und ihre Sprecher**

Nr.	**Figur/Sprecher (ggf. abkürzen)**	**Regie** ***Atmo/Geräusche***	**Text**
Szene:			
1.			

Nr.	**Figur/Sprecher (ggf. abkürzen)**	**Regie** *Atmo/Geräusche*	**Text** (3)
Szene:			

Beispielskript

Titel: Es ist so schwer, ein Hörspiel zu schreiben!

Tina: *(Name der Sprecherin)*
Kati: *(Name der Sprecherin)*
Janna: *(Name der Sprecherin)*

Nr.	**Figur/Sprecher (ggf. abkürzen)**	**Regie** ***Atmo/Geräusche***	**Text**
Szene 1: *(Hier nur eine Szene)*			
1.	Tina	fröhlich	Endlich dürfen wir anfangen, unser Hörspiel zu schreiben. Mann, als ob wir nicht wüssten, wie man eine Geschichte schreibt. Im Deutschunterricht machen wir doch fast nichts anderes. Einfach Einleitung, Hauptteil, Schluss ...
2.	Kati	äfft Frau Quassel nach	Naja, ganz so leicht ist es wohl doch nicht. Frau Quassel hat doch immer wieder betont: „Ihr dürft eure Geschichte nicht erzählen, ich müsst sie spielen, und zwar nicht wie Schauspieler, denn man kann euch ja nicht sehen. Der Hörer muss alles, was er braucht, hören können!“
3.	Janna	genervt	Ja, ja, bla, bla. Ich will aber einfach eine Geschichte erzählen.
4.	Kati		Aber einen Erzähler dürfen wir ja auch nicht einsetzen!
5.	Janna	munter	Dürfen, dürfen. Na und? Wir machen es trotzdem. Also, wie wollen wir anfangen? An einem schönen Sommertag ging Clarissa, unsere Heldin, mit ihrer Freundin Lucie spazieren ...
7.	Kati	entmutigt	Ach Janna, du hast wohl gar nichts kapiert. Wir sollen keinen Erzähler einsetzen! Wir müssen irgendwie anders klar machen, dass ein schöner Sommertag ist.
8.	Tina	nachdenklich	Jaa…, wie hört sich denn ein schöner Sommertag an?

Nr.	Figur/Sprecher (ggf. abkürzen)	Regie *Atmo/Geräusche*	Text
9.	Janna	aufbrausend	Wie soll der sich schon anhören? Gar nicht hört der sich an. So ein Quatsch! Der hört sich an wie jeder andere Tag im Jahr auch ...
10.	Kati	energisch	Das stimmt jetzt aber echt nicht. Ein Sommertag klingt doch ganz anders als ein Wintertag.
11.	Tina	*Vogelgezwitscher* summt hoch und schrill	Stimmt. Da hört man doch zum Beispiel Vögel singen. Oder wenn es ganz heiß ist, gibt es so ein Flimmern, das kann man auch hören, finde ich. So ungefähr: bssssssss…
12.	Kati	*Grillen zirpen*	Genau. Und Grillen zirpen. Das ist doch ganz typisch im Sommer.
13.	Janna		Bist du jetzt total durchgeknallt, Kati? Du redest ja schon wie Frau Quassel.
14.	Tina		Aber wenn's doch stimmt. Das kann man doch wirklich hören.
15.	Janna		Und wie, bitte schön, hört sich ein Wintertag an? Ha, ha, da hört man gar nichts, sag ich euch.
16.	Kati		Unsinn. Da hört man Schritte im Schnee ...
17.	Tina		Und schreiende Kinder bei einer Schneeballschlacht und ...
18.	Janna		... ist ja schon gut. Ich hab' es verstanden. Trotzdem. Ich finde, man muss einen Erzähler haben.
19.	Kati	zweifelnd	Wofür denn noch?
20.	Janna	besserwisserisch	Na, zum Beispiel ... hm ... Wenn zum Beispiel Zeit vergangen ist. Ich meine nicht nur ein paar Sekunden, sondern eine Woche oder mehrere Jahre. Da braucht man doch einen Erzähler, der sagt: „Vier Jahre später ..."
21.	Tina		Ncc, dafür braucht man dcn nicht ...

Nr.	Figur/Sprecher (ggf. abkürzen)	Regie *Atmo/Geräusche*	Text
22.	Kati	grübelnd	Hm, Tina, da hab‘ ich auch nicht sofort eine Idee, wie man das ohne Erzähler hinkriegt.
23.	Tina		Überlegt doch mal! Die Zuhörer sind ja nicht blöd. Wenn man eine kleine Pause macht, dann wissen die: Jetzt kommt etwas Neues, das nichts direkt mit dem zu tun hat, was vorher war. Die schnallen das schon, dass Zeit vergangen ist, egal wie viel.
24.	Janna		Das schnallen die gar nicht. Das muss ich denen doch sagen.
25.	Kati	denkt nach	Nein, ich glaube, Tina hat recht. Da könnte man ja auch ein Geräusch einbauen, zum Beispiel könnte man doch ...
26.	Tina		Stimmt, zum Beispiel einen Glockenschlag oder so ...
27.	Janna	verächtlich	Pah, Glockenschlag, so ein Quatsch, da denken doch alle gleich, jetzt geht’s in die Kirche, haha.
28.	Kati		Mensch, Janna, jetzt sei doch nicht so vernagelt. Man kann ja auch ein neutraleres Geräusch nehmen. Eben ein ... ein Zeit-Überbrückungs-Geräusch.
29.	Janna	beleidigt	Ja, klar, ein Zeit-Überbrückungs-Geräusch.
30.	Tina	begeistert	Genau. Einen Erzähler braucht man echt nicht, gefällt mir langsam richtig gut der Gedanke.
31.	Kati		Ja, mir auch. Ich glaube, wir kriegen das hin. Wir fangen also so an: Vogelgezwitscher, badende Kinder am See, schwupps haben wir einen Sommertag!
32.	Janna	noch genervt	Ihr nervt, ihr beiden, echt! Und woher, bitte sehr, sollen die Hörer wissen, wie die Personen heißen, die da mitspielen? Das kann doch auch nur ein Erzähler erzählen.
33.	Tina und Kati	lachen	Ach Janna!
34.	Janna	lacht mit	Na gut, ich bin überzeugt!

Checkliste: Ein Hörspiel schreiben

Ihr wisst schon, was in den einzelnen Szenen eures Hörspiels geschieht. Vor euch liegt nun die Aufgabe, alles aufzuschreiben. Lasst euch zeigen und genau erklären, wie man das am besten macht. Eure Lehrerin/euer Lehrer kann euch auch raten, ob ihr alles gemeinsam schreiben oder die Arbeit besser aufteilen sollt.

Die folgenden Fragen sollen euch beim Schreiben an alles Wichtige erinnern. Wenn ihr fertig seid, könnt ihr die Fragen als Checkliste benutzen und prüfen, ob ihr an alles gedacht habt.

- **Kommen alle Figuren in der ersten Szene vor oder werden sie erwähnt?** ☐
- **Wird zu Beginn jeder Szene klar, wo sie spielt und worum es gerade geht?** ☐
- **Behalten alle Figuren ihre besondere Sprechweise vom Anfang bis zum Ende bei?** ☐
- **Werden Gefühle wirklich gespielt? Zum Beispiel: Schluchzt eine Figur beim Weinen, anstatt zu sagen „Ich bin so traurig!"?** ☐
- **Wurden nur notwendige und aussagekräftige Geräusche eingeplant?** ☐
- **Kann der Hörer alles ohne Erklärungen verstehen?** ☐
- **Sind alle einzelnen Schritte im Manuskript nummeriert?** ☐
- **Ist das Manuskript übersichtlich und gut lesbar geschrieben?** ☐

Wenn ihr alle Fragen mit Ja beantworten könnt, steht der Aufnahme eures Hörspiels bald nichts mehr im Wege.

Vom Plot zum Skript

Die wichtigen Vorarbeiten sind abgeschlossen und vor euch liegt der Plot eures Hörspiels. Ihr wisst, was in den einzelnen Szenen geschieht. Jetzt geht es „nur noch“ darum, das eigentliche Skript zu erstellen, das heißt die einzelnen Szenen auszuformulieren. Dies geschieht in vier Schritten.

Schritt 1: Einigt euch zuerst auf die besonderen Merkmale in der Sprechweise der Figuren.

Schritt 2: Teilt die Szenen untereinander auf, wenn möglich paarweise. So kommt ihr einfach schneller voran. Eine gemeinsame Überarbeitung gibt es sowieso. Wenn ihr ein gut eingespieltes Team seid, könnt ihr auch Szene für Szene gemeinsam schreiben. Lasst euch von eurer Lehrkraft eine Vorlage für ein Skript geben.

Schritt 3: Überarbeitet und verbessert euer Skript im gesamten Team, denn am Ende sollen alle damit zufrieden sein. Richtet euch nach den folgenden Fragen für die Überarbeitung des Skriptes:

1. Wird am Anfang schnell klar, wo die Handlung spielt und wer die Figuren sind?
2. Wird die Sprechweise der einzelnen Figuren durchgehalten?
3. Werden Gefühle nicht erklärt, sondern ausgedrückt?
   Also: seufzen, schluchzen, stöhnen ... statt „Ich bin so traurig!“
4. Sind Anfang und Ende der einzelnen Szenen verständlich?
5. Werden aussagekräftige Geräusche sparsam eingesetzt?
6. Sind die Übergänge nachvollziehbar, das heißt, weiß der Hörer, wo man sich zu Beginn der neuen Szene befindet?
   Tipp: *Der Hörer muss natürlich nicht alles sofort verstehen, aber am Ende sollte ihm nichts unlogisch erscheinen.*
7. Ist der Schluss glaubwürdig und beantwortet er alle Fragen des Hörers?

Schritt 4: Zum Schluss müssen alle Änderungen in das Skript eingearbeitet und es muss eine saubere Abschrift des gesamten Skripts erstellt werden.

Produktionsvorbereitungen

Bevor Sie mit der Produktion beginnen können, sind noch einige Dinge zu berücksichtigen, damit Aufnahme und Schnitt reibungslos und effizient vonstatten gehen können.

Rollencasting – Seite 52
Unter Umständen ist noch gar nicht klar, wer welche Rolle spielen soll. Auch könnte es sein, dass Sie für ein großes Hörspiel noch die Hauptdarsteller auswählen müssen. In beiden Fällen kann es sinnvoll sein und auch gewünscht werden, dass die Bewerber für die Rollen vorsprechen und die Auswahl abgestimmt wird.

Sprechen im Hörspiel – Seite 54
Zunächst einmal sollten die Schüler ihre Hörspiele „trocken" durchspielen. Dabei können sich jeweils zwei Teams zusammentun. Das eine spielt, das andere hört zu und gibt Rückmeldungen. Natürlich können Sie diese Generalproben aber auch in der ganzen Klasse durchführen. Nach jeder Szene wird eine kurze Pause für Anmerkungen zur Wirkung und für Verbesserungsvorschläge gemacht. Erinnern Sie die Schüler daran, dass das Feedback konstruktiv und freundlich formuliert werden soll. Auch sollten Sie darauf hinweisen, dass Änderungen an der Handlung nun nicht mehr möglich sind, sondern dass es nur noch um die Ausgestaltung der Rollen geht.

Atmo und Geräusche – Seite 56
Ebenfalls im Vorfeld sollten die Schüler sich Gedanken darüber machen, welche Hintergrundatmosphären und Einzelgeräusche sie brauchen und wie sie sie beschaffen wollen. Unter Umständen können Aufnahme oder Suche sehr zeitaufwendig sein, weshalb sich frühzeitig einige darum kümmern sollten.

Rechte – Seite 58
Die Schüler – in der Regel fit im Umgang mit dem Internet und dem Download von Audiodateien – müssen vor dem Produktionsbeginn über die Berücksichtigung von Urheberrechten und die Konsequenzen bei deren Nichteinhaltung informiert werden. Nur so kann Ärger vermieden werden.

Rollencasting

Wenn die Schüler sich nicht einigen können, wie sie die Rollen besetzen wollen, oder wenn Sie geeignete Hauptdarsteller für ein größeres Projekt suchen, ist ein Casting eine gute Möglichkeit, eine für alle akzeptable – da demokratisch erlangte! – Lösung zu finden. Ein wenig Konkurrenz schadet da nicht.

Sie legen fest, für wie viele Rollen sich ein Schüler bewerben kann. Dass sich zu viele bewerben und das Casting stundenlang dauert, ist nicht zu befürchten. In der Regel haben viele gar nicht den Mut, vor der versammelten Klasse zu sprechen, oder schlichtweg keine Ambitionen. Grundsätzlich gilt aber: Lassen Sie alle Bewerber zu! Jeder soll die Möglichkeit bekommen zu zeigen, welches Talent vielleicht in ihm steckt. Auf Überraschungen darf man sich gefasst machen. Nicht immer ist der sonst so selbstbewusste Redner die geeignete Besetzung und so manches Mauerblümchen läuft zur Höchstform auf.

Ablauf
Alle Bewerber, nicht nur die für die gerade zu besetzende Rolle, verlassen den Raum und bekommen die Gelegenheit einen kurzen Textauszug der jeweiligen Rolle zu üben. Mehrfachbewerber bekommen je einen Auszug zu jeder Rolle. Alle übrigen Schüler bilden die Jury. Mehr als fünf Minuten Vorbereitungszeit sind nicht nötig. Dann treten die Bewerber für eine Rolle nacheinander an und tragen den Textauszug vor. Am besten wendet die Jury dem Sprecher den Rücken zu. Nach seinem Vortrag verlässt der Bewerber wieder den Raum. Zeit für eine kurze Besprechung kann, muss aber nicht eingeplant werden. Dann folgt der nächste Bewerber und so fort. Die Beratung der Jury findet ohne die Bewerber statt. Weisen Sie, wenn nötig, immer wieder darauf hin, dass es bei der Auswahl nicht um persönliche Sympathien oder Abneigungen geht, sondern dass nur sachliche Argumente zulässig sind. Nach einer angemessenen Beratungszeit stimmen alle gemeinsam ab, jeder gibt seine Stimme für seinen Spitzenreiter ab. Kommt es hierbei nicht zu einem eindeutigen Votum für einen Bewerber, kann auch noch ein Stechen veranstaltet werden und die übriggebliebenen Kandidaten treten erneut an, vielleicht mit einem neuen Textauszug. Wurde eine Entscheidung getroffen, werden die Bewerber hereingebeten und man teilt ihnen das Ergebnis mit, nicht ohne ihnen für ihre Teilnahme und ihren Mut zu danken.

Unterstützen Sie die Schüler während der **Beratungsphasen**. Es ist schwer einzusehen, dass die beste Freundin nicht die beste Besetzung ist. Manchmal tun sich Jugendliche auch schwer, berechtigte Kritik ehrlich anzusprechen. Deshalb sollten Sie die Argumente und Einwände, die von den Schülern nicht genannt werden, ansprechen und erklären. Wägen Sie ab, ob Sie mit abstimmen wollen. Um zu vermeiden, dass sich die Schüler nach Ihnen richten, könnten Sie darauf verzichten.
Wichtig: Das Ergebnis der Abstimmung gilt! Weitere Diskussionen sind nicht erlaubt!

Der **Beobachtungsbogen** soll den Schülern die Vorbereitung auf die Abstimmung während des Vorsprechens der Kandidaten erleichtern. Erläutern Sie kurz die einzelnen Merkmale.

Gehen Sie auch kurz auf ein paar **Feedback-Regeln** ein, damit die Rückmeldung an die Kandidaten nicht in Vorwürfe oder gar Beleidigungen ausartet.

Für die Feedback-Gebenden:
- Positives zuerst nennen
- In Ich-Botschaften sprechen
- Beobachtungen beschreiben, nicht werten
- Konkrete Punkte nennen, nicht verallgemeinern
- Verbesserungsvorschläge machen

Für die Feedback-Nehmenden:
- Ausreden lassen
- Nicht rechtfertigen
- Die Kritik dankbar annehmen

Beobachtungsbogen für ein Rollencasting

Beim Casting gilt es, möglichst den besten Sprecher für eine Rolle zu finden. Deshalb solltest du bei deiner Bewertung beiseite lassen, ob du jemanden magst oder nicht. Die Tabelle zeigt dir, worauf du besonders achten musst, und ist deine Grundlage für die Besprechung und Abstimmung in der Gruppe. Deine Bewertung für die einzelnen Kandidaten kannst du in den Spalten notieren.

Dabei können die folgenden Symbole verwendet werden:

+++ = sehr überzeugend   ++ = gut

\+ = in Ordnung   – = noch nicht zufriedenstellend

Merkmale	**Kandidat 1**	**Kandidat 2**	**Kandidat 3**	**Kandidat 4**	**Kandidat 5**
Lautstärke Ist die Lautstärke angemessen?					
Tempo Achtung: Meistens wird zu schnell gesprochen! Ist das Tempo des Kandidaten passend oder rast er durch den Text?					
Klarheit Ist der Kandidat klar und deutlich zu verstehen? Ein Superheld, der nuschelt, ist vielleicht nicht die richtige Besetzung für die Rolle.					
Betonung Nimmt man dem Kandidaten die Rolle ab? Klingt er wirklich wütend, traurig, freudig oder cool, also so, wie es der Text und die Situation von ihm verlangen?					
Konzentration/Ernsthaftigkeit Ist der Kandidat ernsthaft bemüht, die Rolle auszufüllen? Er sollte sie nicht ins Lächerliche ziehen.					
Besonderheiten Gibt es Merkmale, die den Kandidaten besonders geeignet erscheinen lassen? Kann er zum Beispiel einen Dialekt sprechen, der gut zu der Rolle passt?					

Nicht vergessen: Kritik immer wohlwollend und freundlich aussprechen!

Sprechen im Hörspiel

Die Gefahr ist groß, dass die Schüler ihre Rolle einfach nur ablesen wollen. Es ist zwar nicht nötig, die Rollen auswendig zu lernen, aber um die Möglichkeiten des Hörspiels auch auszuschöpfen, sollte man Folgendes beachten:

Die Rolle spielen!
Vorübungen zur Charakterisierung von Figuren durch ihr Sprechen wurden möglicherweise schon absolviert (siehe *Vom Plot zum Skript,* S. 35). Jetzt geht es darum, die konkret erarbeiteten Figuren zum Leben zu erwecken. Halten Sie die Schüler dazu an, ihre Rolle aktiv zu gestalten. Das heißt, dass die Figur möglichst realistisch agieren sollte. Wenn zum Beispiel eine Figur einen längeren Text zu sprechen hat, sollte der Mitspieler in der Regel nicht stumm daneben stehen und nur zuhören. Der Hörer muss auch ihn wahrnehmen können, sonst könnte er denken, der Sprechende sei allein. Im wirklichen Leben ergänzt man einander, fällt einander ins Wort, kommentiert das Gesagte oder gibt zustimmende oder ablehnende Geräusche von sich. So sollte es auch im Hörspiel sein.
Ob die Schüler sich bei der Aufnahme auch bewegen, hängt auch von ihrem Temperament ab. Manch einem hilft es, seine Worte durch passende Bewegungen wie in einem Theaterstück zu unterstützen. Bei einem trotzigen Ausruf sollte man zum Beispiel auch mit dem Fuß aufstampfen. Achtung: Natürlich nur, wenn der Bodenbelag des Aufnahmeraums zum Szenario passt! Gleiches kann für Begleitgeräusche, wie sich bücken oder schreiben, gelten.

In der Rolle bleiben!
Die überzeugende Darstellung einer Figur darf sich nicht nur punktuell zeigen. Es ist wichtig, den Sprachstil und die jeweilige Emotionalität vom Anfang bis zum Ende durchzuhalten. Dies erfordert bei der Aufnahme, die im Schulalltag in der Regel unter Zeitdruck stattfindet, ein hohes Maß an Konzentration und die Bereitschaft, kritische Stellen auch mehrmals zu spielen. Verlangen Sie diese Bereitschaft von den Schülern. Wenn sie nämlich zu schnell zufrieden mit ihrer Leistung sind, ärgern sie sich später über nicht gelungene Aufnahmen.

Für das Sprechen vor dem Mikrofon siehe Seite 65.

Grundsätzlich wird eine Rolle im Hörspiel genauso gespielt wie im Film oder auf der Bühne. Nur die räumliche Bewegung und die körperliche Darstellung fallen weitgehend weg. In den Kinderzeiten des Hörspiels sind die Sprecher sogar verkleidet vors Mikrofon getreten.

Bevor es an die Aufnahme geht, solltest du dich also mit deiner Rolle vertraut machen und dir vorab überlegen, wie du sie gestalten willst.

1. **Arbeite deinen gesamten Sprechtext noch einmal durch** und prüfe, ob die Figur „echt“ und flüssig klingt. Nimm, wenn nötig, noch kleine Änderungen im Ausdruck vor.

2. Gehe dann das Manuskript durch und **markiere alle Stellen**, bei denen du besonders aufpassen musst. Das sind zum Beispiel:
   - Stellen, bei denen die Betonung besonders schwierig ist.
   - Stellen, wo du deinen Einsatz nicht verpassen darfst.
   - Stellen, an denen ein Mitspieler eine längere Passage allein spricht, du aber durch deine Reaktionen zeigen musst, dass du ihm zuhörst und ihm zum Beispiel zustimmst, ihm ins Wort fällst oder dich ärgerst ...
   - Stellen, bei denen du gleichzeitig sprechen und spielen musst, um deine Handlung durch Geräusche zu unterstützen. Bücke dich zum Beispiel wirklich, wenn deine Figur etwas aufhebt.

3. Wenn alle Beteiligten ihr Skript vorbereitet haben, solltet ihr einen **Probedurchlauf** starten. Das geht am besten, wenn ihr euch mit einem anderen Team zusammentut. Die eine Gruppe spielt, die andere hört zu und macht Anmerkungen. Nehmt euch nach jeder Szene Zeit für Verbesserungsvorschläge. Dabei solltet ihr Ungenauigkeiten und Lässigkeit nicht durchgehen lassen. Aber vergesst nicht, dass eure Kritik immer ermunternd und freundlich sein sollte.

Tipps für die Aufnahme
Die Rolle spielen, nicht nur ablesen!
Volle Konzentration vom Anfang bis zum Ende!

Atmo und Geräusche

Grundsätzlich wird im Radiojournalismus und im Hörspiel zwischen Atmo(sphäre) und Geräuschen unterschieden: Unter **Atmo** versteht man die allgemeinen Hintergrundgeräusche eines Ortes. In einem Restaurant gehören dazu die Gespräche der Gäste, das Klappern des Bestecks, die Hintergrundmusik, die Geräusche der Kellner usw. Die Atmo lässt vor dem inneren Auge des Hörers das Bild des betreffenden Ortes entstehen, auch ohne dass etwas geschieht. Ein **Geräusch** ist ein einzelner Bestandteil der Atmo, am Beispiel des Restaurants das Besteckklappern. Geräusche werden im Hörspiel zur Verstärkung des Gesagten (der Handlung) eingesetzt, können aber auch eine eigene Aussage haben und die Sprache ersetzen. Für Atmo wie Geräusche gilt wieder einmal: **Weniger ist mehr!** So muss nicht zwingend die gesamte Szene von der Atmo begleitet werden. Es kann auch genügen, diese am Anfang und am Ende der Szene einzusetzen, um den Schauplatz zu charakterisieren, sie im Verlauf der Szene aber auszublenden. Auch muss nicht jede Aussage durch ein Geräusch kommentiert werden. Halten Sie Ihre Schüler zum sparsamen Einsatz der Geräusche an.

Für Atmo wie auch Geräusche gilt: Selbstmachen und Aufnehmen macht Spaß! Und nur so erhält man genau die Geräusche, die man auch braucht. Vielleicht finden sich einige Schüler, die Sie mit der Produktion und Aufnahme von Geräuschen beauftragen können. Bei jüngeren Schülern gewinnt oft der Spieltrieb die Überhand und sie vertrödeln viel Zeit damit, erst einmal Faxen vor dem Mikrofon zu machen, bevor sie sich ernsthaft um verwertbares Material kümmern können. Bei ausgefallenen Geräuschewünschen wird Ihnen aber nichts anderes übrig bleiben, als diese selbst zu produzieren.
Unter diesen beiden Internetadressen findet man Tipps und Tricks, wie man ausgefallene Geräusche selber machen kann. Selbst ein feuerspeiender Drache oder ein einstürzendes Haus sind mit diesen Tipps kein Problem: www.ohrenspitzer.de (Angebot, Geräusche, Geräuschrezepte),
www.ohrliestmit.de (Tipps & Tricks).

Bei **Außenaufnahmen** ist darauf zu achten, dass das Mikrofon windgeschützt aufgestellt wird oder man einen besonderen Windschutz verwendet, da man sonst nur das Rauschen des Windes hört. Bei **Atmo-Aufnahmen im Innenraum** sollte man das Mikrofon in der Mitte des Raumes postieren, um volle Raumwirkung zu erzielen. Die **Aufnahme einzelner Geräusche** gelingt am besten in einem möglichst schallisolierten Raum, in der Schule meist die Bibliothek, oder einem kleinen Raum ohne Hall. Für gute Ergebnisse muss das Mikrofon dicht am Geräusch sein. Meist benötigt man mehrere Versuche, bis man die optimale Entfernung und Lautstärke gefunden hat. Atmo und Geräusche ruhig etwas großzügiger „auf Vorrat“ aufnehmen, selbst wenn am Ende nur eine kurze Sequenz benötigt wird.

Gleichzeitige Aufnahme von Sprache und Geräusch? Natürlich können die Geäusche, die unmittelbar mit dem Gesagten verbunden sind, wie zum Beispiel das bereits erwähnte trotzige Aufstampfen oder Kaugeräusche bei einer Tischszene, mit dem Sprechtext zusammen aufgenommen werden. Es macht auch mehr Spaß und unterstützt die Rollenidentifikation. Die gleichzeitige Aufnahme von Sprache und Geräuschen empfiehlt sich dennoch eher nicht, besonders nicht für Anfänger. Zu schnell wird der Abstand zum Mikrofon verändert und die Aufnahme misslingt. Außerdem landen Sprache und Geräusch zwangsläufig auf einer Tonspur, was die Nachbearbeitung erheblich erschwert. Dann nämlich noch etwas von Sprache oder Pausen herauszuschneiden, ohne dass das Geräusch hakt, ist sehr viel schwieriger zu bewerkstelligen, als beide von vornherein getrennt aufzunehmen. Die Tonqualität Ihrer Hörspiele wird steigen, wenn Sie die **Aufnahme von Sprechtext und Geräusch trennen**.

Inzwischen stehen unzählige Geräusche in guter Qualität auch auf CD oder zum Download im Internet zur Verfügung. (Einige Links dazu finden Sie am Ende des Buches.) Hier wird fast jeder fündig, doch sei darauf hingewiesen, dass Urheberrechte zu beachten sind. Hinweise und Tipps dazu auf Seite 58.

Planungsbogen Atmo und Geräusche

Behaltet den Überblick und tragt hier ein, welche Atmos und Geräusche ihr benötigt und wer dafür verantwortlich ist, sie aufzunehmen oder zu „beschaffen“.

Nr.	Szene Nr.	Geräusch	Atmo	verantwortlich	erledigt am

Rechte – Was darf ich, was darf ich nicht?

Der Urheber ist der Schöpfer eines Werkes und damit auch sein geistiger Eigentümer. Seinen Schutz regelt das Urhebergesetz (UrhG). Das Urheberrecht dient dem Urheber unter anderem zur Sicherung einer angemessenen Vergütung für die Nutzung seines Werkes. Diese Verwertungsrechte kann der Urheber an andere Personen oder Gesellschaften zur Vertretung seiner Interessen abtreten. In Deutschland werden diese Rechte häufig an eine Verwertungsgesellschaft, zum Beispiel die GEMA (Gesellschaft für musikalische Aufführungs- und mechanische Vervielfältigungsrechte), die GVL (Gesellschaft zur Verwertung von Leistungsschutzrechten), die VG Wort oder die VG Bild/Kunst, abgetreten. Diese vertritt dann die Rechte des Urhebers im Hinblick auf Aufführung und Vervielfältigung und nimmt die dafür fälligen Gebühren in seinem Auftrag ein. Ein weiterer Aspekt ist das Urheberpersönlichkeitsrecht. Es zwingt den Nutzer des Werkes zum Beispiel, den Namen des Urhebers zu nennen oder zu verschweigen oder bei Zitaten die Quelle anzugeben. Außerdem schützt es den Urheber vor Entstellung seines Werkes durch den Nutzer.

Diese Rechte am geistigen Eigentum gilt es auch in der Hörspielarbeit beim Einsatz und bei der Bearbeitung von Musik und Geräuschen zu achten. Die Missachtung der GEMA-Pflicht beispielsweise kann teure Schadenersatzansprüche nach sich ziehen. Die Anbieter GEMA-freier Musik und Geräusche im Internet treffen eigene Regelungen für die Nutzung ihrer Materialien, die in jedem Fall zu berücksichtigen sind. Solange Sie sich mit der „Veröffentlichung", also der Aufführung der entstandenen Werke in Klassenraum und Schulöffentlichkeit in einem nicht-kommerziellen Rahmen bewegen, genügt in der Regel die Quellenangabe. Bitte informieren Sie sich im Einzelfall!

Die Nutzung von Geräuschen für Hörspiele bewegt sich gewissermaßen in einer Grauzone. Zwar gelten für sie dieselben Regelungen wie für Musikstücke, doch ist es, zum Beispiel bei einer Atmo, unter Umständen aufwendig und schwierig, die Urheberschaft nachzuweisen. Um auf Nummer sicher zu gehen, sollten Sie jedoch Ihre Schüler dazu anhalten, sich über die Nutzungsrechte des jeweiligen Anbieters zu informieren und sie zu beachten.

Infoblatt: Rechtliche Tipps für eure Hörspielproduktion

Was darf ich, was darf ich nicht?

Das Urheberrecht achten!
Der Urheber, also der Schöpfer eines Werkes, ist der geistige Eigentümer dieses Werkes. Den Schutz seiner Rechte regelt in Deutschland das **Urhebergesetz** (UrhG). Die **Verwertungsrechte** besagen, dass der Urheber allein darüber entscheiden darf, was mit seinem Werk geschieht, ob und wie es also zum Beispiel veröffentlicht oder vervielfältigt werden darf. Das **Urheberpersönlichkeitsrecht** verpflichtet den Nutzer (also euch) beispielsweise, den Namen des Urhebers zu nennen (oder auch zu verschweigen) oder bei Zitaten die Quelle anzugeben. Auch ist es nicht gestattet, das Werk zu entstellen.

GEMA-Pflicht – Missachtung kann teuer werden!
Viele Urheber treten ihre Verwertungsrechte an eine **Verwertungsgesellschaft** ab, in Deutschland zum Beispiel die **GEMA** (Gesellschaft für musikalische Aufführungs- und mechanische Vervielfältigungsrechte). Diese bekommt dann die alleinigen Nutzungsrechte und schüttet die Vergütungen, die die Verwerter an sie zahlen, an den Urheber aus. Wenn ihr also Musikstücke nutzen wollt, zum Beispiel auf eurer Internetseite, müsst ihr euch immer informieren, ob dafür Gebühren bei der GEMA fällig werden. Nutzt ihr ein GEMA-pflichtiges Musikstück, müsst ihr euch an die GEMA wenden, um die Nutzungsrechte zu erwerben (www.gema.de/musiknutzer).

Auch GEMA-Freiheit heißt nicht Rechtsfreiheit!
Inzwischen finden sich im Internet etliche Seiten, die sogenannte **GEMA-freie Musik und Geräusche** anbieten. Doch auch für die Nutzung dieser Materialien gelten **bestimmte Regelungen**. Auch wenn es in den meisten Fällen nur darum geht, den Urheber eines Geräusches oder eines Musikstückes zu nennen, habt ihr die **Pflicht, euch über diese Regelungen zu informieren** und sie zu befolgen. Nichtwissen schützt euch im Ernstfall nicht vor teuren Schadenersatzforderungen!
Hier die Adressen einiger GEMA-freier Angebote:
www.gemafreie-welten.de
www.hoerspielbox.de
www.medienpaedagogik-praxis.de
www.tonarchiv.de

Die Produktion

Je nach den technischen, räumlichen, zeitlichen und personellen Möglichkeiten werden Sie entweder gleichzeitig zwei bis drei Hörspiele aufnehmen oder alle nacheinander. Ersteres spart viel Zeit, bei Letzterem können Sie bei allen Aufnahmen dabei sein. Für Beschäftigung und gegebenenfalls Betreuung der jeweils nicht beteiligten Schüler muss gesorgt werden.

Die **gleichzeitige Aufnahme** empfiehlt sich nur bei älteren Schülern, die eigenverantwortlich arbeiten können und mit der Technik vertraut sind. Dabei können **je zwei Teams** zusammenarbeiten. Ein Team nimmt sein Hörspiel auf, zwei Beauftragte des anderen Teams übernehmen die Verantwortung für Technik und Regie. Ist ein Hörspiel aufgenommen, kommt die andere Gruppe dran. Bei größeren Teams für ein umfangreicheres Hörspiel können Technik und Regie auch aus dem eigenen Team besetzt werden.

Der **Techniker** kümmert sich um die praktischen Details der Aufnahme wie Aussteuerung und stetige Kontrolle der Aufnahmequalität. (Infoblatt für die Technik siehe Seite 61)

Die **Regie** hat die Aufgabe, das Spiel der Sprecher kritisch zu begleiten und, wenn nötig, Wiederholungen zu verlangen. Erst wenn die Regie ihr O.K. gibt, ist die Aufnahme „im Kasten". (Infoblatt für die Regie siehe Seite 61)

Sie selbst betreuen die Aufnahme eines Teams (bei ungerader Gruppenzahl) und/oder stehen als Berater für alle Teams bereit.

Sofern Sie über den Zugang zu mehreren PCs oder Laptops verfügen, kann auch der **Schnitt** arbeitsteilig gleichzeitig erfolgen. Nun arbeiten die Teams für sich und können zum Beispiel den Rohschnitt szenenweise aufteilen, sodass alle zu tun haben. Die Handhabung eines Schnittprogramms ist leicht zu erlernen und für die meisten nach kurzer Einführung kein Problem.

Der wichtigste Tipp für die nun folgende Aufnahme und den Schnitt vermutlich mehrerer Hörspiele lautet: **Behalten Sie den Überblick!**

Kennzeichnung von Tonträgern und Audiodateien. Um Zeit und Nerven für die Suche nach bereits aufgenommenen Szenen oder Geräuschen zu sparen, müssen die Tonträger, also zum Beispiel Kassetten, Mini-Discs oder SD-Cards, und auch die Dateien unbedingt immer **eindeutig gekennzeichnet** werden, und zwar mit Kurztitel des Hörspiels, Nummer der Szene oder laufender Nummer wie im Manuskript. Besonders bei Geräuschen und Atmo erleichtert eine zusätzliche Kurzbezeichnung, zum Beispiel „Handyklingeln", das Wiederfinden. Sorgen Sie ebenfalls für eine zentrale **Aufbewahrungsmöglichkeit** (Box oder Ordner), wo alles abgelegt wird und jederzeit auffindbar ist. Zu dieser Sorgfalt sollten auch die Schüler angehalten werden, damit dieser Teil der Arbeit nicht im Chaos versinkt. Niemand sollte die Materialien mit nach Hause nehmen, sie fehlen sonst vielleicht beim nächsten Mal.

Wenn die Hörspiele am Computer geschnitten und bearbeitet werden, muss **für jedes Hörspiel ein Ordner** angelegt werden. Jede Datei erhält einen eindeutigen Namen, zum Beispiel *Kurztitel Szene 2* oder *Kurztitel Nr. 5–13.* Auch sollte die aktuelle Version bereits bearbeiteter Dateien immer erkennbar sein, zum Beispiel durch das Datum oder auch die Uhrzeit. Ein weiterer Ordner innerhalb dieses Ordners sollte für die fertigen Versionen von Szenen oder die endgültige Version des gesamten Hörspiels angelegt werden.

Aufgabe der Technik: Kontrolle der Aufnahmequalität

In den Händen der Technik liegt die Tonqualität der Aufnahme. Sie übernimmt die Aussteuerung der Aufnahmegeräte und überwacht diese während der gesamten Aufnahme.

Das muss unbedingt beachtet werden:
- Die benötigte Technik besorgen, aufbauen und anschließen.
- Nicht vergessen: Fenster zu!
- Darauf achten, dass nur die Personen im Raum sind, die für die Aufnahme gebraucht werden.
- Während der Aufnahme immer einen geschlossenen Kopfhörer tragen!
- Die Aussteuerung beobachten und wenn nötig regulieren.
- Auf zu laute/zu leise Passagen hinweisen und wiederholen lassen.
- Auf Störgeräusche (Rascheln, Husten usw.) achten und hinweisen.

Aufgabe der Regie: Kontrolle der Spielqualität

Die Regie ist dafür verantwortlich, das Bestmögliche aus den Sprechern herauszuholen. Die Sprecher werden dazu freundlich, aber bestimmt auf Mängel in ihrem Spiel hingewiesen und Wiederholungen werden eingefordert. Stoßen die Sprecher jedoch an ihre Grenzen, sollte die Regie nicht auf immer mehr Wiederholungen bestehen!

Darauf muss geachtet werden:
- Überzeugungskraft und Natürlichkeit der Sprecher beobachten.
- Auf Mängel im Spiel hinweisen.
- Auf Fehlerfreiheit achten.
- Verbesserungsvorschläge machen.
- Passagen ruhig mehrfach wiederholen lassen (Faustregel: nicht mehr als drei Mal).
- Immer selbst das Zeichen zum gemeinsamen Umblättern geben, um Störungen durch voreiliges Umblättern eines Einzelnen zu vermeiden.
- Die Sprecher durch Ruhe und Freundlichkeit unterstützen.

Technische Voraussetzungen – Vom Mini-Disc-Rekorder bis zum Studio

Je nach Ihrer persönlichen Ausrüstung oder der Ausstattung Ihrer Schule, zum Beispiel der Fachschaft Musik, sind die Möglichkeiten des Technikeinsatzes zu verschieden, als dass es hier darum gehen könnte, bestimmte Geräte vorzustellen und den Umgang damit zu erläutern. Eine mehr oder weniger ausführliche Beschäftigung mit den Grundlagen von Aufnahme und Schnitt kann Ihnen dieses Buch nicht abnehmen. Hier kann lediglich ein Überblick gegeben werden.

Für die Aufnahme

Es gibt verschiedene Arten von **Aufnahmegeräten**, wobei besonders die mobilen Geräte für den Einsatz in der Schule interessant sind.

In den seltensten Fällen werden Sie für die Aufnahme Ihrer Hörspiele auf den heute veralteten **Kassettenrekorder** zurückgreifen. Sollte dies der Fall sein, fällt die Nachbearbeitung am Computer im Grunde weg, und ein Hörspielprojekt lässt sich nur chronologisch, live und mit unmittelbar eingesetzten Geräuschen realisieren. Mit einem Doppeldeck oder mit zwei Geräten ließen sich einfache Montagen erstellen. Die Unveränderbarkeit der Aufnahme kann eine Herausforderung Ihrer Geduld aber auch ein Ansporn für die Schüler sein, ihr Bestes zu geben.

Qualitativ gute Ergebnisse lassen sich mit einem **Mini-Disc-Rekorder** (in Walkman-Größe) erzielen, am besten mit einem Modell mit automatischer Aussteuerung. Aufnahmen lassen sich für die weitere Bearbeitung leicht auf einen Rechner übertragen. Allerdings sind auch die Mini-Disc-Rekorder schon im Aussterben begriffen, lassen sich dadurch aber wiederum billig bei einschlägigen Internet-Auktionshäusern erwerben. (z. B. 20,00 Euro bis 45,00 Euro, Juni 2009) Decken Sie sich beim Kauf auch mit Mini-Discs ein, die ebenfalls nicht mehr überall zu finden sind, sie sind wiederbespielbar.

Mit digitaler Aufzeichnungstechnik, also zum Beispiel einem mobilen **DAT-Rekorder** (Digital Audio Tape) oder einem professionellen **MP3-Rekorder** (MP3 ist ein Kompressionsformat für Audiodateien), lassen sich hochwertige Aufnahmen erzielen. Die damit erstellten Dateien können problemlos und ohne Qualitätsverluste auf den Rechner und in ein Schnittprogramm übertragen werden. Viele Jugendliche besitzen einen MP3-Player mit integrierter Diktierfunktion. Sie haben keinen gesonderten Mikrofoneingang, und ihre Aufnahmequalität ist für Hörspiele nicht geeignet.

Mikrofon

Die Qualität Ihrer Aufnahmen hängt entscheidend von der Qualität der Mikrofone ab. Bei der Aufnahme mit mobilen Geräten sollten möglichst Stereo-Mikrofone verwendet werden. Im Studio kommen Mono-Mikrofone zum Einsatz. Die unterschiedlichen Typen sollen hier nicht vorgestellt werden. Modelle, mit denen man gute Aufnahmen erhält, sind ab etwa 50,00 Euro im Handel. Gut ist es, einen sogenannten **Ploppschutz** vor oder über dem Mikrofon zu verwenden. Er verhindert oder mindert den störenden Plopplaut, zum Beispiel bei der Aussprache harter Konsonanten, oder das kleine Schmatzgeräusch, das beim Öffnen des Mundes entsteht. **Boden**- oder **Tischstative** für das Mikrofon erleichtern nicht nur dem Sprecher die Arbeit, sondern dämpfen auch die Übertragung unerwünschter Geräusche auf das Mikrofon.

Über ein **Mischpult** können Sie mehrere, dann individuell aussteuerbare Mikrofone anschließen, was die Aufnahmearbeit erleichtert. Bei vier bis fünf Mitspielern reichen zwar schon zwei Mikrofone, schön und besser natürlich, wenn jeder Sprecher sein eigenes Mikro hat.

Es ist unabdingbar, dass mindestens die für die Technik verantwortliche Person während der Aufnahme einen geschlossenen **Kopfhörer** trägt, am besten jedoch alle Beteiligten. Geschlossene Kopfhörer reduzieren die Umgebungsgeräusche auf ein Minimum. Nur so können über- oder untersteuerte Aufnahmen und Störgeräusche erkannt werden.

Die besten Produktionsbedingungen haben Sie, wenn Ihnen ein **Studio** zur Verfügung steht. Aber auch wenn Ihre Schule über keines verfügt und Sie auch die Angebote eines Offenen Kanals oder eines Bürgerfunks nicht nutzen können, sollte Sie das keineswegs davon abhalten, die Hörspielarbeit mit Schülern zu wagen.

Der **Aufnahmeraum** sollte möglichst frei von störenden Nebengeräuschen sein. Dies sind zum Beispiel Geräusche auf dem Gang vor dem Raum, aber auch das Gluckern eines Heizkörpers oder ein zu starker Hall. In Schulen recht gut geeignet ist oft die Bibliothek. Die Bücher in den Regalen dämpfen den Hall deutlich. Die Fenster müssen geschlossen sein! Grundsätzlich wäre es natürlich wünschenswert, mehrere Räume nutzen zu können, einen Textraum, einen Aufnahmeraum und einen Schnittraum beispielsweise. Dies aber wird für die meisten wohl ein Wunsch bleiben.

Für Schnitt und Mix

Um dem eingesprochenen Hörspieltext den eigentlichen Schliff zu geben, um überflüssige Pausen, Ahs und Ähs herauszuschneiden und um das Ganze mit Atmo, den entsprechenden Geräuschen oder Musik zu hinterlegen, benötigen Sie ein **Audioschnittprogramm**. Diese Programme sind leicht zu erlernen, und sie sind kostengünstig zu kaufen oder sogar kostenlos im Internet erhältlich.

Auf den folgenden Seiten bekommen Sie Tipps, die für alle Aufnahmen, egal mit welcher technischen Ausrüstung, gelten. Dadurch sollen häufige Fehler vermieden werden.

Hinweis zur Begleit-CD:
Mit Ausnahme der Beiträge 11–14, die in einem Studio eines Offenen Kanals entstanden, wurden die Hörspiele über ein kleines Mischpult mit zwei Mikrofonen auf einen Mini-Disc-„Walkman" aufgenommen und mit dem Schnittprogramm „MAGIX audio studio" bearbeitet.

Die Aufnahme

Vor der Aufnahme

In der Regel werden Sie ein Hörspiel chronologisch aufnehmen, also Szene für Szene vom Anfang bis zum Ende. Bei einem größeren Projekt mit vielen Sprechern ist es jedoch sinnvoll, das Hörspiel nicht chronologisch, sondern abhängig von den jeweils beteiligten Sprechern aufzunehmen. Wenn also beispielsweise Sprecher A, B und C in Szene 1 und 4 auftreten, werden diese Szenen hintereinander aufgenommen. Das erspart Organisationsaufwand und verhindert Wartezeiten für die Sprecher. Es empfiehlt sich ein **Aufnahmeplan**, aus dem hervorgeht, in welcher Reihenfolge ganze Szenen oder einzelne Passagen aufgenommen werden sollen und welche Sprecher daran beteiligt sind. Die Szenen mit den meisten Beteiligten sollten zuerst aufgenommen werden. (vgl. Aufnahmeplan Seite 66).

So könnte der Plan ausgefüllt aussehen:

Aufnahmeplan für das Hörspiel: *Titel*

Regie: *Name*

Technik: *Name*

Szene Nr. / Manuskript Nr.	**Beteiligte Sprecher**	**Aufnahme fertig?**
Szene 1	A B C D	
Szene 5	A B C D	
Szene 2	A E F	
...		

Unmittelbar vor der Aufnahme muss die **Technik** sorgfältig eingestellt und auf ihre Funktionsfähigkeit hin überprüft werden. Das Wichtigste ist die **Aussteuerung der Mikrofone** auf den jeweiligen Sprecher. Machen Sie immer eine kurze **Probeaufnahme**, bevor die eigentliche Aufnahme gestartet wird. Ob Sie eine Szene in einem Stück, das heißt mit allen Unterbrechungen und Neuanfängen, aufnehmen oder ob Sie bei mehreren Versuchen stets abbrechen und die Aufnahme neu starten, ist im Grunde Geschmacksache. Ersteres macht mehr Mühe beim Schneiden, Letzteres sorgt für mehr Unruhe im Studio. Sorgen Sie zu guter Letzt dafür, dass **Störungen** aus der Umgebung (Außengeräusche oder Lärm aus einem Nachbarraum oder vom Gang) weitgehend ausgeschlossen sind. Auch sollte niemand in eine laufende Aufnahme hineinplatzen. Ein kleines **Schild** an der Klassentür „Achtung Aufnahme! Ruhe bitte!" ist dabei hilfreich.

Während der Aufnahme

Technik und Regie sollten sicherstellen, dass nur die für die Aufnahme gebrauchten Personen im Raum sind.

Die Sprecher sollten während der Aufnahme stehen! Sie müssen darauf achten, dass sie den einmal ausgesteuerten **Abstand zum Mikrofon** einhalten, um Schwankungen in der Aufnahmequalität zu vermeiden. Für leise Passagen oder auch Flüstern gilt, „dicht am Mikro!“, damit auch dies gut hörbar ist. Die Gedankenrede einer Figur sollte ebenfalls dicht am Mikro gesprochen werden (gegebenenfalls neu aussteuern!), um den Raumeindruck auszuschalten. **Papiergeraschel** mit dem Manuskript ist unbedingt zu vermeiden. Wenn möglich sollten die Seiten vor den Sprechern liegen. Zu einem Ärgernis kann es werden, wenn ein Sprecher voreilig umblättert. Also: **Umblättern nur gemeinsam!** Bei einem Seitenwechsel ohne Sprecherwechsel kann der Sprecher die Seiten versetzt halten oder hinlegen, damit durch das Umblättern keine unschöne Pause entsteht.

Wiederholungen
Manchmal gelingt eine Passage nicht beim ersten Mal. Sei es, weil der Sprecher oder das Zusammenspiel nicht überzeugend genug ist, sei es, weil es Störungen gibt oder nachgesteuert werden muss. Erfahrungsgemäß wird es nach einem dritten Versuch nicht mehr besser. Neu anzufangen ist anstrengend und erfordert ein hohes Maß an Konzentration und Verbesserungsbereitschaft. Wie weit man hier gehen kann, ist abhängig von der zur Verfügung stehenden Zeit und der Belastbarkeit der Sprecher.
Problemfall schlechter Leser: Wenn Sie merken, dass ein Schüler große Probleme damit hat, seinen Text flüssig zu spielen, weil er aufgrund von Leseschwächen am Text „klebt“, kann es sehr hilfreich und erfolgversprechend sein, diesem seinen Text häppchenweise in der gewünschten Betonung vorzulesen und ihn unmittelbar nachsprechen zu lassen. Die Mühe lohnt sich!

Falls gewünscht, dürfen **Titelansage** und **Abmoderation** nicht vergessen werden (vgl. *Vom Plot zum Skript,* Seite 35/36). Gut, wenn diese Texte von einem nicht am Hörspiel selbst beteiligten Sprecher eingesprochen werden.

Zum Schluss ist es ratsam, einen kleinen „Vorrat“ wichtiger Geräusche anzulegen, damit für den Schnitt genügend Tonmaterial zur Verfügung steht. Lassen Sie ruhig mehrere Versionen eines Geräusches und längere Passagen einer Atmo aufnehmen, wenn dies nicht schon während der Produktionsvorbereitungen geschehen ist.

Nach der Aufnahme

Nach Beendigung der Aufnahme sollte sofort überprüft werden, ob das Gerät wirklich einwandfrei aufgenommen hat und die Daten gesichert sind. Nun müssen die Tonträger beschriftet oder die Dateien am PC eindeutig benannt und in den entsprechenden Ordner abgelegt werden.

Aufnahmeplan für das Hörspiel

Hörspiel: ______________________________

Regie: ______________________________

Technik: ______________________________

Szene Nr. / Manuskript Nr.	Beteiligte Sprecher	Aufnahme fertig?

Checklisten: Vor und nach der Aufnahme

Vor der Aufnahme!

✓	**Was ist zu tun?**	**Anmerkung**
	Liegt ein Aufnahmeplan vor?	
	Sind nur die beteiligten Personen im Raum?	
	Sind alle Geräte funktionstüchtig?	
	Sind gegebenenfalls genügend Akkus/ Batterien und Tonträger vorhanden?	
	Sind die Mikrofone ausgesteuert?	
	Nimmt das Aufnahmegerät tatsächlich auf?	
	Sind Störungen aus dem Umfeld weitgehend ausgeschlossen?	
	Sind die Fenster geschlossen?	

Nach der Aufnahme!

✓	**Was ist zu tun?**	**Anmerkung**
	Sind die Aufnahmen technisch gelungen? (Stichproben)	
	Wurden alle Aufnahmen gespeichert?	
	Sind die Tonträger/Dateien korrekt gekennzeichnet und abgelegt?	

Schnitt und Mix

Was jetzt vor Ihnen und Ihren Schülern liegt, ist aufwendig, erfordert Konzentration und genaues Arbeiten und **macht sehr viel Spaß!** Mit einem Audioschnittprogramm wird der „Spielfilm im Kopf" zum Leben erweckt. Textstücke können auseinandergeschnitten und völlig neu zusammengesetzt oder verfremdet werden. Zusätzlich können Effekte (zum Beispiel Echo, schneller, langsamer, rückwärts usw.) eingefügt werden, die man mit der bloßen Aufnahme nie erzielen könnte. Text, Geräusche und Atmo können überraschend kombiniert werden. Kurz, nun zeigt es sich, dass im Hörspiel wirklich alles möglich ist.

Hier ein paar Tipps für den Schnitt und die Fertigstellung der Hörspiele unabhängig von dem verwendeten Schnittprogramm. **Oberstes Gebot: Immer mit geschlossenem Kopfhörer schneiden!**

Wenn die einzelnen Teams ihr Hörspiel arbeitsteilig schneiden – am besten arbeiten immer zwei Schüler zusammen –, empfiehlt es sich, die Verantwortlichkeiten in einem **Planungsbogen** (siehe Seite 70) festzuhalten. In der ersten Spalte wird eingetragen, was zu tun ist, also zum Beispiel *Rohschnitt, Schnitt und Mix Szene 1* oder *Gesamtmix*. Die zweite Spalte benennt den oder die Verantwortlichen, und in Spalte drei wird ein Häkchen gesetzt, wenn die Aufgabe erledigt ist. So kann man jederzeit den Stand der Arbeit überprüfen.

Der Schnitt oder die Arbeit mit einem Schnittprogramm geschieht optisch und akustisch, das heißt, man sieht eine oder mehrere Tonspuren auf dem Bildschirm und hört gleichzeitig die entsprechenden Töne.

Sinnvoll ist es, **jeweils eine Spur für die gesprochenen Texte, die Atmosphäre, die besonderen Geräusche und/oder die Musik** vorzusehen. Praktisch ist auch eine **„Müllspur"**, auf der zunächst alles Abgeschnittene gelagert wird, um notfalls darauf zurückgreifen zu können.

Zunächst sollte aus dem Material der Sprachaufnahmen eine **„Rohfassung"** erstellt werden. Die jeweils gelungenste Aufnahme einzelner Passagen wird ausgewählt und in der richtigen Reihenfolge platziert, sodass am Ende eine **reine Sprachversion** des Hörspiels vorliegt. Hierbei kann es vorkommen, dass **Überlappungen von einzelnen Textpassagen** nötig sind. Wenn zum Beispiel ein Sprecher dem anderen ins Wort fallen soll, so muss dies auch zu hören sein. Beim Einsprechen während der Aufnahme gelingt das ungeübten Sprechern oft nicht, da sie der Chronologie des Manuskriptes folgen. Dieses kann man dann nachträglich im Schnittprogramm „richtig" zusammenbauen.

Dann geht es an den Einbau von **Geräuschen, Musik, Pausen** und die genaue Platzierung der einzelnen Tonstücke und deren Abstimmung aufeinander, also den **Mix**. Bewusste Pausen sollte man sorgfältig setzen, und sie dürfen nicht zu lang sein.

Wenn eine Szene fertig geschnitten und gemischt ist, sollte man eine **Lautstärkenanpassung** vornehmen. Dabei wird die Lautstärke der einzelnen Tonstücke einander so angeglichen, dass keine Sprünge durch zu große Lautstärkeunterschiede entstehen.

Sind alle Szenen fertig, müssen sie in einem vorletzten Arbeitsschritt passgenau hintereinandergesetzt werden. Hier sollte wieder besonderes Augenmerk auf die Länge von Pausen gelegt werden. Diese Arbeit sollte von mindestens zwei Schülern gemeinsam gemacht werden. Vier Ohren hören eben doch mehr ...

Vor der endgültigen Fertigstellung des Stückes, dem sogenannten **Mixdown**, sollte unbedingt eine **Schlussredaktion** durch das gesamte Team oder durch Sie erfolgen. Ist der Schnitt gelungen? Sind die Pausen angemessen? Ist die Lautstärke durchgehend passend? Erst nach dieser Schlussabnahme wird die Freigabe erteilt und alle sind für das Ergebnis verantwortlich. Danach kann der Mixdown durchgeführt werden. Dabei werden alle verwendeten Festplatteninformationen in einer Datei zusammengefasst. Danach ist eine Trennung von Sprache und Geräuschen und damit eine weitere Bearbeitung nicht mehr möglich. Das Projekt mit den verschiedenen Tonspuren bleibt aber als Arbeitsgrundlage erhalten. Der neu entstehenden Datei gibt man am besten einen eindeutigen Namen, zum Beispiel **Titel.komplett**, damit sie später als das Endresultat wieder auffindbar ist. Nun kann das Hörspiel auf CD gebrannt werden.

Planungsbogen für Schnitt und Mix

Titel des Hörspiels: ______________________________

Was ist zu tun?	Wer ist verantwortlich?	Erledigt?

Ein paar Gedanken zu Präsentation und Leistungsbeurteilung

Schade, wenn die fertigen Hörspiele nur von den Machern gehört werden! Wenn also irgend möglich, machen Sie die **Präsentation der Ergebnisse öffentlich**. Nutzen Sie beispielsweise den Präsentationstag einer Projektwoche, veranstalten Sie ein Hörspiel-Happening in der großen Pause, laden Sie zu einem Elternabend oder wenigstens eine andere Klasse zum Anhören der Hörspiele ein. Das Schönste wäre es natürlich, die Hörspiele in einer Radiosendung über einen Offenen Kanal in Ihrer Nähe auszustrahlen. Wie das geht, erfahren Sie dort.

Egal, in welchem Rahmen die Hörspiele zu Gehör gebracht werden, auf jeden Fall muss jeder Teilnehmer eine **CD** mit allen Hörspielen bekommen. Die paar Cent für die Rohlinge sollten da keine Rolle spielen. Schließlich sollen auch Eltern, Freunde und Verwandte sehen und hören, was da erarbeitet wurde. Ebenfalls ein Stück Medienerziehung im weiteren Sinne!

Ein schwieriges Feld ist die **Leistungsbeurteilung** bei solchen Projekten. Was soll bewertet werden? Wie objektiv kann dies beobachtet werden? Und kann die Einzelleistung eines Schülers überhaupt erfasst werden? Sie werden erleben, dass Schüler, die vielleicht im Regelunterricht still, ängstlich oder auch faul sind, bei der Arbeit an den Hörspielen plötzlich über sich hinauswachsen, sich zum Beispiel sehr intensiv in eine Rolle einfinden und diese überzeugend spielen. Wollen Sie eine solche Leistung für weniger wert erachten als die gelungene Dramaturgie eines Textes oder den souveränen Umgang mit der Technik? Wollen Sie die Leistungen der Einzelnen erfassen oder nur die Gesamtleistung eines Teams? Darüber und über Ihre fachspezifischen Anforderungen werden sie sich gegebenenfalls im Vorwege Gedanken machen müssen, um die Leistungserwartungen formulieren und die Schüler während der Arbeit im Hinblick auf diese Erwartungen beobachten zu können.

Hier ein paar Fragen zu verschiedenen fächerübergreifenden Leistungsbereichen, die Ihnen bei der „Notenfindung" helfen können:

Leistungsbereich Sprachkompetenz (Schreiben und Sprechen)

- Erfüllt das Hörspiel die inhaltlichen Vorgaben?
- Wurden die Charaktere differenziert ausgearbeitet?
- Passt die Sprache der Figuren zu ihrem Charakter?
- Ist die Dramaturgie gelungen?
- Wurde die Rolle überzeugend gesprochen?
- Waren während der Aufnahme Steigerungsmöglichkeiten Einzelner erkennbar?

Leistungsbereich Team- und Selbstkompetenz

- Wurden freiwillig besondere Aufgaben übernommen?
- Wurden Aufgaben verantwortungsvoll wahrgenommen und verlässlich erfüllt?
- Waren die Schüler bereit, auch schwierige Phasen durchzustehen?
- Haben die Schüler sich in die Gruppenarbeit eingebracht, konnten sie ihre Interessen durchsetzen oder, wenn nötig, Kompromisse mittragen?
- Wurden die Rollen und damit auch die Mitspieler ernst genommen?
- Waren die Schüler bereit, sich auch über ihren unmittelbaren Aufgabenbereich hinaus zu engagieren?

Leistungsbereich Medienkompetenz

- Haben die Schüler sich aktiv mit der notwendigen Technik auseinandergesetzt?
- Sind die Schüler verantwortungsvoll und schonend mit den Geräten umgegangen?
- Wurden die Aufgaben der Regie ernst genommen?
- Waren die Sprecher fähig, die Kritik der Regie aufzunehmen und umzusetzen?
- Sind die Schüler in der Lage, Kriterien für die kritische Reflexion der Ergebnisse zu nennen?

Anhang

Übersicht über Arbeits- und Infoblätter, Rollenspielkärtchen und Planungsbögen

Arbeitsblätter

Infoblätter

Rollenspielkärtchen

Planungsbögen

Das Angebot der Offenen Kanäle und Bürgerradios

Gemäß Artikel 5 des Grundgesetzes hat jeder Bürger der Bundesrepublik Deutschland das Recht, „seine Meinung in Wort, Schrift und Bild frei zu äußern und zu verbreiten und sich aus allgemein zugänglichen Quellen ungehindert zu unterrichten. Die Pressefreiheit und die Freiheit der Berichterstattung durch Rundfunk und Film werden gewährleistet. Eine Zensur findet nicht statt."

Neben dem öffentlich-rechtlichen und dem kommerziellen privaten Rundfunk bilden seit etwa 1980 die Offenen Kanäle und nichtkommerziellen Bürgermedien das dritte Standbein der deutschen Medienlandschaft. Sie werden finanziert aus den Rundfunkgebühren der Bürger. Die Offenen Kanäle leisten einen enormen Beitrag zu aktiver Medienpädagogik, zur Vermittlung von Medienkompetenz und zur Umsetzung des in Artikel 5 postulierten Rechts.

Eine öffentliche Ausstrahlung Ihrer Hörspiele erreicht Hörer weit über die Schule hinaus und steigert den Wert und die Nachhaltigkeit Ihrer Arbeit. Bei einem Offenen Kanal oder einem nichtkommerziellen Lokalradio in Ihrer Nähe bekommen Sie Hilfe jeder Art für die Umsetzung Ihrer Projekte.
Dies sind im Einzelnen:

- Bereitstellung von Aufnahme-, Studio- und Schnitttechnik
- Schulung im Umgang mit der Technik
- Vermittlung journalistischer und ästhetischer Kenntnisse für die Radioarbeit
- Pädagogische Begleitung bei medienpädagogischen Projekten

Die **Spielregeln** für Sendungen in einem Offenen Kanal sind im Wesentlichen:

- Die Sendungen werden selbst gestaltet (Inhalt) und produziert (Technik).
- Die Sendungen sind selbstverantwortet, das heißt, Sie bzw. Ihre Schüler tragen die alleinige Verantwortung für Ihre Sendung. Am Anfang und am Ende einer Sendung wird der Name des Verantwortlichen genannt.
- Die Sendungen in einem Offenen Kanal sind frei von Werbung.
- Die Nutzung der Angebote eines Offenen Kanals ist kostenlos.

Die Zusammenarbeit mit einem Offenen Kanal ist also zu empfehlen. Auch wenn beispielsweise aufgrund der Entfernung die Studios und Leihgeräte nicht genutzt werden können, erhalten Sie dennoch kompetenten Rat, und eine Kontaktaufnahme lohnt sich allemal.

Der Bundesverband Offene Kanäle e.V. (BOK) bietet unter www.bok.de Informationen zum Bürgerfunk in jedem Bundesland. Dort gibt es eine **Liste aller Offenen Kanäle und Bürgerradios in Deutschland**. Sie wird hier nicht abgedruckt, weil sich die Angaben schnell ändern können.

Auf den folgenden Seiten finden Sie eine Liste der **Landesmedienanstalten**, die zum Teil ein großes Angebot an Materialien, Seminarprogrammen und Beratung bereithalten.

Die Medienanstalten der Bundesländer

Baden-Württemberg
Landesanstalt für Kommunikation
Baden-Württemberg
Rotebühlstraße 121
70178 Stuttgart
Tel.: 07 11/66 99 1 - 0
Fax: 07 11/66 99 1 - 11
E-Mail: info@lfk.de
www.lfk.de
Hotline: 07 11/66 99 1 - 99
(Dienstag bis Donnerstag von 14:00 - 15:00 Uhr)

Bayern
Bayerische Landeszentrale
für neue Medien (BLM)
Heinrich-Lübke-Str. 27
81737 München
Tel.: 0 89/63 808 - 0
Fax: 0 89/63 808 - 140
E-Mail: info@blm.de

Berlin/Brandenburg
Medienanstalt Berlin-Brandenburg (MABB)
Kleine Präsidentenstraße 1
10178 Berlin
Tel.: 0 30/26 49 67 - 0
Fax: 0 30/26 49 67 - 90
E-Mail: mail@mabb.de
www.mabb.de

Bremen
Bremische Landesmedienanstalt
Richtweg 14
28195 Bremen
Tel.: 04 21/33 49 40
Fax: 04 21/32 35 33
E-Mail:
info@bremischelandesmedienanstalt.de
www.bremische-landesmedienanstalt.de

Hamburg/Schleswig-Holstein
Medienanstalt Hamburg/
Schleswig-Holstein (MAHSH)
Anstalt des öffentlichen Rechts
Rathausallee 72–76
22846 Norderstedt
Tel.: 0 40/36 90 05 - 0
Fax: 0 40/36 90 05 - 55
E-Mail: mailbox@ham-online.de
www.ham-online.de

Hessen
Hessische Landesanstalt für privaten Rundfunk
(LPR Hessen)
Wilhelmshöher Allee 262
34131 Kassel
Tel.: 05 61/9 35 86 - 0
Fax: 05 61/9 35 86 - 30
E-Mail: lpr@lpr-hessen.de
www.lpr-hessen.de

Mecklenburg-Vorpommern
Landesrundfunkzentrale
Mecklenburg-Vorpommern (LRZ)
Bleicherufer 1
19053 Schwerin
Tel.: 03 85/5 58 81 12
Fax: 03 85/5 58 81 30
E-Mail: info@lrz-mv.de

Niedersachsen
Niedersächsische Landesmedienanstalt
für privaten Rundfunk (NLM)
Seelhorststraße 18
30175 Hannover
Tel.: 05 11/2 84 77 - 0
Fax: 05 11/2 84 77 - 36
E-Mail: buergermedien.nlm@t-online.de
www.nlm.de

Nordrhein-Westfalen
Landesanstalt für Medien
Nordrhein-Westfalen (LfM)
Zollhof 2
40211 Düsseldorf
Tel.: 02 11/7 70 07 - 0
Fax: 02 11/72 71 70
E-Mail: info@lfm-nrw.de
www.lfm-nrw.de

Rheinland-Pfalz
Landeszentrale für Medien
und Kommunikation (LMK)
Turmstraße 10
67059 Ludwigshafen
Tel.: 06 21/52 02 - 0
Fax: 06 21/52 02 - 152
www.lmk-online.de

Saarland
Landesmedienanstalt Saarland (LMS)
Nell-Breuning-Allee 6
66115 Saarbrücken
Tel.: 06 81/3 89 88 - 0
Fax: 06 81/3 89 88 - 20
E-Mail: info@lmsaar.de
www.lmsaar.de

Sachsen
Sächsische Landesanstalt für privaten Rundfunk
und neue Medien (SLM)
Ferdinand-Lassalle-Straße 21
04109 Leipzig
Tel.: 03 41/22 59 - 0
Fax: 03 41/22 59 - 199
E-Mail: info@slm-online.de
www.slm-online.de

Sachsen-Anhalt
Landesrundfunkausschuss
für Sachsen-Anhalt (LRA)
Reichardtstraße 9
06114 Halle/Saale
Tel.: 03 45/52 55 - 0
Fax: 03 45/52 55 - 121
E-Mail: info@lra.de
www.lra.de

Schleswig-Holstein
siehe Hamburg/Schleswig-Holstein

Thüringen
Thüringer Landesmedienanstalt (TLM)
Steigerstraße 10
99096 Erfurt
Tel.: 03 61/2 1 77 - 0
Fax: 03 61/2 11 77 - 55
E-Mail: mail@tlm.de
www.tlm.de

Literaturtipps und Links

Als **Grundlagenwerk** auch für die Hörspielarbeit zu empfehlen ist: Walther von La Roche/Axel Buchholz (Hrsg.): Radio-Journalismus. Ein Handbuch für Ausbildung und Praxis im Hörfunk. (List Journalistische Praxis). List Verlag München.

Aktuelle **Materialien zu Medienerziehung und zum Hörspiel** sind in guter Qualität überwiegend im Internet zu finden. Das Folgende ist eine Auswahl mit kurzen Erläuterungen zum Inhalt der jeweiligen Seite. (Stand: Juni 2009)

www.audioyou.de (Forum mit kostenloser Registrierpflicht für den Download und zum Uploaden eigener Beiträge, Tipps zum Selbermachen)

www.auditorix.de (Gemeinschaftsprojekt der Landesanstalt für Medien Nordrhein-Westfalen und der Initiative Hören. Lernsoftware (2 CDs) kann kostenlos bestellt werden. Hörspielwerkstatt für Kinder. Orientiert an den curricularen Vorgaben für die Grundschule)

www.hoerdownloads.de (Anhören und Downloaden freier Hörspiele)

www.hoerspiel.com (Private Initiative für Hörspielmacher und -interessierte. Zum Stöbern, zur Geschichte des Hörspiels, praktische Tipps)

www.hoerspielprojekt.de (Community für Hörspielmacher)

www.mediaculture-online.de (Internetportal rund um Medienbildung, -praxis und -kultur der Landesanstalt für Kommunikation Baden-Württemberg)

www.mediamanual.at (Interaktive Plattform des österreichischen Bundesministeriums für Unterricht, Kunst und Kultur für die aktive Medienarbeit an der Schule. Sehr gute Informationen zum Basiswissen Radio)

www.ohrenspitzer.de (Zuhörprojekt der Stiftung MedienKompetenz Forum Südwest der Landeszentrale für Medien und Kommunikation (LMK) Rheinland-Pfalz. Hörspielkoffer und zahlreiche Spiele, Übungen und Projekte rund um das Zuhören)

www.ohrliestmit.de (Wettbewerb für kreatives Lesen und Hören des Börsenvereins des deutschen Buchhandels. Hörspielwerkstatt mit Projektideen und praktischen Tipps. Hörempfehlungsliste)

www.stiftung-zuhoeren.de (Netzwerkpartner von KINDER ZUM OLYMP! – der Jugendinitiative der Kulturstiftung der Länder. Projekte zum Zuhören. Hörclubs. Empfehlung der CD des Monats)

Adressen für GEMA-freie Musik und Geräusche:
www.gemafreie-welten.de
www.hoerspielbox.de
www.medienpädagogik-praxis.de
www.tonarchiv.de

Quellen

SWR>> Die Nutzung der Geräusche von Ohrenspitzer CD 1/CD 2 mit freundlicher Genehmigung des SWR.

www.hoerspielbox.de

Grundlagenwerk	Quelle
1. Streit in der Warteschlange	
Supermarkt, Kasse	selbst aufgenommen
2. Streik in der Spülmaschine	
Wasser in Spülbecken, Spülmaschine öffnen und schließen, Geschirr einräumen	selbst aufgenommen
3. Neulich im Restaurant	
Restaurant-Atmo	Ohrenspitzer-CD 2
4. Achterbahn	
Jahrmarkt (bei einer Achterbahn)	Ohrenspitzer-CD 1
5. Das entscheidende Spiel	
Stadion-Atmo	Hörspielbox
6. Es ist so schwer ein Hörspiel zu schreiben	
Vogelgezwitscher	selbst aufgenommen
Grillen zirpen	Hörspielbox
7. Falscher Verdacht I	
Spielende Kinder	Ohrenspitzer-CD 2
Dusche	Hörspielbox
Stadtverkehr	Ohrenspitzer-CD 1
Tür auf und zu	Ohrenspitzer-CD 1
8. Falscher Verdacht II	
Computertastatur	Ohrenspitzer-CD 1
Weltraumwabern	Ohrenspitzer-CD 2
Telefonhörer abheben und Nummer tippen	Ohrenspitzer-CD 1
Schreibgeräusche	selbst aufgenommen
9. Blind Love	
Spielende Kinder	Ohrenspitzer-CD 2
Schulklingel	Ohrenspitzer-CD 2
Stadtverkehr	Ohrenspitzer-CD 1
Bahnhofs-Atmo	Hörspielbox
10. Vergesst 007	
Türklingel	Ohrenspitzer-CD 1
Tür auf und zu	Ohrenspitzer-CD
Tütengeraschel	selbst aufgenommen
Telefonklingeln	Ohrenspitzer-CD 1
Telefonhörer abheben und auflegen	Ohrenspitzer-CD 1
Menschenmenge in Halle	Ohrenspitzer-CD 2
Werkzeuggekrame	selbst aufgenommen
Schritte	Ohrenspitzer-CD 1
Menschenmenge (neutral, innen)	Ohrenspitzer-CD 2
Klatschen	Hörspielbox
Maschine	Hörspielbox
Explosion	Hörspielbox
Elektronisches Piepen (Telefon)	Ohrenspitzer-CD 1
Computertastatur	Ohrenspitzer-CD 1

Inhalt der Begleit-CD

1. Streit in der Warteschlange
2. Streik in der Spülmaschine
3. Neulich im Restaurant
4. Achterbahn
5. Das entscheidende Spiel
6. Es ist so schwer, ein Hörspiel zu schreiben
7. Falscher Verdacht I
8. Falscher Verdacht II
9. Blind Love
10. Vergesst 007
11. Offenbarung
12. Fury
13. Doro bei Aldi
14. Alarm in der Spielzeugkiste

Zum Inhalt der CD

Die auf der CD zusammengetragenen Hörspiele sollen Ihnen und Ihren Schülern Lust machen, das „Wagnis“ Hörspielarbeit einzugehen. Sie sind, bis auf eine Ausnahme, in der schulischen Hörspielarbeit mit Sechst- und Elftklässlern entstanden. Die Auswahl berücksichtigt nicht nur besonders gelungene Beispiele. Sie will bewusst die ganz alltäglichen Möglichkeiten widerspiegeln und zeigen, dass auch leistungsschwächere Schüler zu hörenswerten Ergebnissen gelangen können.

Die Hörspiele 1 bis 9 wurden über ein kleines Mischpult mit zwei Mikrofonen auf einen Mini-Disc-Rekorder (in Walkman-Größe) aufgenommen und mit dem Schnittprogramm „MAGIX audio studio“ bearbeitet. Die Hörspiele 10 bis 14 entstanden in einem Studio, für Schnitt und Mix wurde ebenfalls MAGIX verwendet. Die Geräusche, wenn nicht selbst aufgenommen, stammen von einer Geräusche-CD des Projektes Ohrenspitzer (www.ohrenspitzer.de) oder von www.hoerspielbox.de.

Erörtern Sie mit Ihren Schülern vorab, worauf sie beim Hören der Stücke achten sollen.

Die Anmerkungen zum Inhalt und zur Entstehung der einzelnen Hörspiele sollen Ihnen die Auswahl erleichtern:

1. **Streit in der Warteschlange (6. Jahrgang, 1:03 Min.)**
   An der Kasse im Supermarkt steht eine lange Schlange. Da kann man schon einmal mit seinem Vorder- oder Hintermann ins Gespräch kommen oder aneinandergeraten.
   Dieses kleine Hörstück entstand als Stegreifhörspiel nach einer „Vorbereitungszeit“ von fünf Minuten. Die Aufnahme wurde nicht geschnitten, sondern lediglich mit einer Supermarktatmo unterlegt.

2. **Streik in der Spülmaschine (6. Jahrgang, 4:01 Min.)**
   Gabel Gisela und Teller Toni baden für ihr Leben gern im Spülwasser. Deshalb führt die Nachricht, dass eine Spülmaschine angeschafft werden soll, zu Sorge und Aufregung. Und auch Handtuch Hildegard, Schwamm Karl-Otto und Wasserhahn Walter fürchten um ihre Zukunft. Gemeinsam überlegen sie, wie die Gefahr vielleicht abgewendet werden kann. Ob es klappt?
   Die Macherinnen wollten eine Küchengeschichte schreiben und haben ihre Figuren bereits auf diesem Hintergrund entwickelt. Die Geräusche wurden alle selbst aufgenommen.

3. **Neulich im Restaurant (6. Jahrgang, 1:59 Min.)**
Die kurze Geschichte erzählt, was im Restaurant passiert, wenn Harry Potter versucht, Senf herbeizuzaubern. Zum Glück sehen es Pluto und Winnie Pooh nicht so eng, wenn sie Würstchen mit Honig essen müssen.
Das Hörspiel entstand genau so, wie im Kapitel *Von der Idee zum Skript* vorgeschlagen.

4. **Achterbahn (6. Jahrgang, 1:37 Min.)**
Aschenputtel und Poh haben furchtbare Angst vor der Achterbahnfahrt, während Otto und Poldi sich ganz cool geben. Kaum geht es los, kehren sich die Verhältnisse jedoch um ...
Auch dies ein Beispiel für das unverhoffte Zusammentreffen von Figuren, die sonst nichts miteinander gemeinsam hätten.

5. **Das entscheidende Spiel (6. Jahrgang, 7:12 Min.)**
Vincent ist stocksauer, dass er bei dem entscheidenden Spiel zum Saisonende nicht zum Einsatz kommen soll, doch der Trainer bleibt hart. Nach der ersten Halbzeit sieht es allerdings gar nicht gut aus für Preußen Reinfeld. Vincent glaubt, er könne das Ruder rumreißen und lässt es zum Streit mit dem Trainer kommen. Die Verletzung eines Stürmers in der zweiten Halbzeit ist die Chance für Vincent. Der Torwart leistet beste Arbeit. Doch wer schießt das entscheidende Tor?
Die Jungen wussten genau, wie ihre Geschichte sein sollte. Gern hätten sie noch etliche spannende Wendungen mehr eingebaut. Die Beschränkung auf den Konflikt zwischen Trainer und Vincent und auf die Nöte des Torwarts haben sie gut gemeistert.

6. **Es ist so schwer, ein Hörspiel zu schreiben (6. Jahrgang, 3:20 Min.)**
Drei Mädchen stöhnen darüber, wie schwer es ist, ein Hörspiel zu schreiben. Janna ist besonders genervt und will die Tipps der Frau Quassel am liebsten gar nicht berücksichtigen.
Die drei Autorinnen haben sich sehr schwer getan, gemeinsam eine Geschichte zu entwickeln. Als die Zeit knapp wurde, bekamen sie den Auftrag, ihre Schwierigkeiten zum Thema zu machen.

7. **Falscher Verdacht I (6. Jahrgang, 6:04 Min.)**
Nach dem Training sind Tobis neue Fußballschuhe verschwunden. Sofort haben die Jungen Moritz in Verdacht, weil er immer herumstänkert und schon einmal etwas gestohlen hat. Es kommt zum Streit und zu schweren Vorwürfen. Doch beim nächsten Training sind die Schuhe wieder da ...
Die Jungen nahmen einen echten Konflikt mit schlechterem Ausgang als Grundlage für ihre Geschichte und gaben ihr ein gutes Ende.

8. **Falscher Verdacht II (6. Jahrgang, 7:16 Min.)**
Zwei Wissenschaftler schieben Dienst auf einer Sternwarte und stehen unverhofft einem Außerirdischen gegenüber, dessen Sprache sie partout nicht verstehen. Zu guter Letzt wird das Rätsel aber gelöst und der intergalaktischen Freundschaft steht nichts mehr im Wege.
Das Hörspiel lebt von der Idee der Jungen, den Außerirdischen einfach rückwärts „Irdisch" sprechen zu lassen.

9. **Blind Love (6. Jahrgang, 6:09 Min.)**
Nele ist verliebt in Tobi aus der 7 d und muss unbedingt herausfinden, ob er schon eine Freundin hat. Sie und ihre Freundinnen beobachten ihn, und tatsächlich taucht da ein Mädchen auf, das sogar die Nacht bei Tobi verbringt. Nele ist traurig.
Hier wurde wie in „Falscher Verdacht I" eine reale Begebenheit verarbeitet. Ganz wichtig ist es, den Figuren andere Namen als den Vorbildern zu geben!

10. Vergesst 007 (6. Jahrgang, 7:28 Min.)
Eine Gaunergeschichte, wie sie im Buche steht. Ede und Dart, zwei kleine Halunken, bringen den millionenschweren Platinfinger mit List und Tücke um seinen sagenhaften Rubin.
Dieses Hörspiel ist ein Beispiel dafür, wie der Hörer bis zum letzten Satz über das Geschehen im Unklaren gelassen wird.

Die folgenden drei Hörspiele entstanden im Rahmen einer **Projektwoche eines elften Jahrgangs unter dem Oberthema „Feelings"**.

11. Offenbarung (11. Jahrgang, 3:46 Min.)
Vier Menschen kurz vor ihrer persönlichen Offenbarung.
Das Hörspiel erlangte bei der HörMöwe 2008, dem Hörfunkpreis des Offenen Kanals Schleswig-Holstein in der Kategorie Freistil den zweiten Preis. Überzeugend der Plot und der Spannungsaufbau auf das Ende hin.

12. Fury (11. Jahrgang, 4:40 Min.)
Die Teilnehmer am Anti-Aggressions-Seminar könnten unterschiedlicher nicht sein und gehen wahrlich nicht zimperlich mit sich selbst und den anderen um. Der Hörer bekommt Einblick in die Geschichte jedes Einzelnen und kann vielleicht verstehen, warum Herr Lutz eines Tages ausrastete. Durch die Rückblicke in die Vorgeschichten der Figuren erfährt der Hörer die Gründe für ihr Zusammentreffen bei diesem Seminar. Doch woran sollte der Hörer erkennen, ob es sich um einen Rückblick oder um Handlung in der Gegenwart handelte? Es wurde lange herumprobiert, bis man sich schließlich darauf einigte, beim Übergang von der Gegenwart zum Rückblick das zuletzt Gesagte rückwärts laufen zu lassen. Damit waren am Ende nicht alle zufrieden. Was halten Ihre Schüler von dieser Lösung?

13. Doro bei Aldi (11. Jahrgang, 4:39 Min.)
Geiselnahme in einem Supermarkt. Die Nerven liegen blank. Der Geiselnehmer, ein berühmter Auftragskiller, weiß allerdings gar nicht genau, was er will. Er erkennt die Geisel Doro als seinen Jugendschwarm. Lucy wiederum möchte mit ihm durchbrennen, und als er sich weigert, dreht sie den Spieß um ...
Eine turbulente Komödie mit irren Typen und einem Knalleffekt am Ende.

Das folgende Hörspiel war Teil des **Kinderhörspieladventskalenders 2006 des Offenen Kanals Schleswig-Holstein**. Bei diesem mittlerweile traditionellen Projekt vom 1. bis zum 24. Dezember wird jeden Tag ein neues Hörspiel gesendet. (Anhören und Download unter www.okluebeck.de)

14. Alarm in der Spielzeugkiste (10:06 Min.)
Die Bewohner der Spielzeugkiste sind alarmiert. Weihnachten rückt näher und neue Mitbewohner sind zu erwarten. Teddy, Huby und Baby haben Angst vor der Konkurrenz. Am liebsten würden sie die Neuen ja gar nicht rein lassen, aber das geht eben nicht. Als Robocop, Barbie und Carrera schließlich am Weihnachtsabend einziehen, gibt es eine unerwartete Wendung.
Dieses Hörspiel kommt ohne zusätzliche Geräusche aus und ist ein Beispiel für die Charakterisierung von Figuren durch ihr Sprechen.